变革时期领导风格对组织创新的影响机制研究

BIANGE SHIQI LINGDAO FENGGE DUI ZUZHI CHUANGXIN DE YINGXIANG JIZHI YANJIU

毛忞歆◎著

知识产权出版社
全国百佳图书出版单位

本专著得到中南民族大学社会科学基金重点项目：
变革时期领导风格对创新人才成长的影响机制研究（项目号：YSZ09013）的资助

图书在版编目（CIP）数据

变革时期领导风格对组织创新的影响机制研究/毛忞歆著
—北京：知识产权出版社，2014.3
ISBN 978-7-5130-2619-2
Ⅰ.①变… Ⅱ.①毛… Ⅲ.①领导方法—影响—组织创新—研究—中国
Ⅳ.①C933.2②C936

中国版本图书馆CIP数据核字（2014）第043169号

内容提要

本书在对领导行为、组织变革、组织创新、组织创新气氛等理论进行文献梳理的基础上，构建了变革时期领导风格对组织创新的影响机制模型，并通过实证研究验证了模型，分析了变革型领导、交易型领导和放任型领导在组织创新中的有效性，组织创新气氛对领导风格与组织创新的中介作用，组织变革内容、幅度和速度对领导风格与组织创新的调节作用。

责任编辑：张水华　　**责任出版**：刘译文

变革时期领导风格对组织创新的影响机制研究

BIANGE SHIQI LINGDAO FENGGE DUI ZUZHI CHUANGXIN DE YINGXIANG JIZHI YANJIU

毛忞歆　著

出版发行：知识产权出版社有限责任公司	**网　　址**：http：//www.ipph.cn
社　　址：北京市海淀区马甸南村1号	**邮　　编**：100088
责编电话：010-82000860 转 8389	**责编邮箱**：miss.shuihua99@163.com
发行电话：010-82000860 转 8104/8102	**发行传真**：010-82000893/82005070/82000270
印　　刷：北京中献拓方科技发展有限公司	**经　　销**：各大网上书店、新华书店及相关专业书店
开　　本：787mm×1092mm　1/16	**印　　张**：12.25
版　　次：2014年4月第1版	**印　　次**：2014年4月第1次印刷
字　　数：220千字	**定　　价**：40.00元

ISBN 978-7-5130-2619-2

摘　要

组织创新是一个团队或组织为了适应内外部环境的变化而采取的措施，比如采纳一种新的思想，引入一种新产品、一项新服务、一个新技术，或是一种新的管理策略。按照双核心理论，组织创新可以分为管理创新和技术创新。在影响组织创新的诸多因素中，三个非常重要的变量是：组织内的领导风格、组织创新气氛和组织变革情境。自从20世纪70年代末变革型领导风格被提出，对变革型领导及其有效性的研究就成了领导研究领域的热点。国内在最近十年也开始关注变革型领导的有效性，但是很多研究忽略了与其对应的交易型领导、放任型领导的影响作用。组织创新气氛为组织创新创造和强化了支持创新的环境，目前国内这方面的研究还处于探索阶段，而且组织创新气氛对领导风格与组织创新的中介作用还需要进一步研究。组织变革是促进组织创新的背景变量，本书从组织变革内容、幅度和速度三方面来衡量组织变革的强弱程度，并研究它对领导风格与组织创新的调节作用。

本研究在对文献总结和访谈的基础上，提出相关假设，通过实证研究验证在中国组织变革的情境下，不同性质、不同规模和不同效益企业中的变革型领导风格、交易型领导风格及放任型领导风格对组织创新产生的影响及其作用机制。

本研究从全国各地调查了120家组织，最后获取了108家有效的组织样本，577份有效的调查问卷。以SPSS 13.0和LISREL 8.30作为统计软件工具，通过方差分析、层级回归模型和结构方程模型等分析方法检验了研究假设。

本研究通过数据分析，得出了如下结论：

（1）变革型领导对组织创新气氛、管理创新和技术创新等均有显著的正向影响。

（2）交易型领导对组织创新气氛、管理创新和技术创新等均有显著的正向影响。

（3）组织创新气氛对管理创新和技术创新都有显著的正向影响，对管理创新的影响从大到小依次为：支持创新、任务导向、参与安全性、互动频率、愿景；对技术创新的影响从大到小依次为：参与安全性、支持创新、互动频率、任务导向。

(4) 组织创新气氛对变革型领导与管理创新、技术创新的关系起部分中介作用；组织创新气氛对交易型领导与管理创新、技术创新的关系起部分中介作用；组织创新气氛对放任型领导与管理创新、技术创新的关系起完全中介作用。

(5) 组织变革幅度对变革型领导与管理创新有调节作用；组织变革内容对变革型领导与技术创新有调节作用；组织变革内容对交易型领导与管理创新有调节作用；组织变革速度对交易型领导与技术创新有调节作用；组织变革对放任型领导与组织创新没有调节作用。

(6) 不同性质、规模、效益的组织在管理创新、技术创新及组织创新气氛方面有显著的差异。中外合资企业在技术创新上显著高于国有企业、民营企业、外资企业和事业单位。组织规模越小，越有利于管理创新和组织创新气氛的形成。效益中等及以上的组织管理创新、技术创新和组织创新气氛显著高于效益较差的组织。不同职位、学历的个体对管理创新、技术创新和组织创新气氛的认知有显著差异。基层员工及基层管理者对组织创新气氛、组织创新的评价都显著低于中高层管理者的评价。高中以下学历的员工、中专或高中学历的员工在对组织创新气氛的感知上显著高于大专学历、本科学历、硕士及以上学历的员工。

最后，对研究结论进行总结，提出了相应的管理对策，并针对本研究的局限性提出了后续研究的方向。

关键词： 变革型领导　交易型领导　放任型领导　组织创新
组织创新气氛　组织变革

Abstract

Organizational innovation is defined as adopting a new idea, implementing a new product, service, technology or management strategy by a team or organization to be seasoned with environmental change inside and outside. Based onthe dual-core theory of innovation, organizational innovation is categorized into technical innovation and administrative innovation. Leadership style, organizational climate for innovation and organizational change inside organization are considered as three main factors that affect organizational innovation. Since transformational leadership was presented at the end of 1970s, the researches on transformational leadership and its effectiveness has been the topic of leadership study area. The effectiveness of transformational leadership has been researched in China in the last ten years, while less researches on transactional leadership and laissez-faire leadership. The domestic study on organizational climate for innovation is still being explored, but much less evidence has been showed on it as the mediator of the mechanism that leadership styles affect organizational innovation. As an important context variable of organizational innovation, organizational change should be researched whether moderate the relationship between leadership styles and organizational innovation.

Based on literature review and interview, some relevant research hypothesis were put forward and validated through empirical study. That is whether transformational leadership, transactional leadership and laissez-faire leadership have different effect and mechanism from different type and size organizations in the context of Chinese organizational change.

There were 120 organizations selected from city of China, and 108 valid organization samples including 577 valid questionnaires were made certain. The statistical tool SPSS 13.0 and LISREL 8.30 was used to examine the hypothesis by analysis of variances, hierarchy regression model and structure equation model.

The main conclusions are as follows.

(1) Transformational leadership has significantpositive effect on organizational climate for innovation, administrative innovation and technical innovation.

(2) Transactional leadership has significant positive effect on organizational climate for innovation, administrative innovation and technical innovation.

(3) Organizational climate for innovation has significant positive effect on administrative innovation and technical innovation. The significance of each dimension on administrative innovation was sorted as support for innovation, task orientation, participative safety, frequency and vision. While the significance on technical innovation was sorted as participative safety, support for innovation, frequency and task orientation.

(4) Organizational climate for innovation partially mediates the effect of transformational leadership on administrative innovation and technical innovation. Organizational climate for innovation plays part mediating role between transactional leadership on administrative innovation or technical innovation. Organizational climate for innovation fully mediates the effect of laissez-faire leadership on administrative innovation and technical innovation.

(5) The range of organizational change moderates the relationship between transformational leadership and administrative innovation. The content of organizational change moderates the relationship between transformational leadership and technical innovation. The content of organizational change moderates the relationship between transactional leadership and administrative innovation. The speed of organizational change moderates the relationship between transactional leadership and technical innovation. Organizational change plays no moderating role between laissez-faire leadership and organizational innovation.

(6) Significant differences of administrative innovation, technical innovation and organizational climate for innovation have been found according to different type, size and performance of the enterprises; and discrepancies of perception on administrative innovation, technical innovation and organizational climate for innovation are also existed depending on individual position and educational background. Technical innovation of Chinese-Foreign joint venture is significantly higher than that of state-

owned, private, foreign enterprises and public institution. Smaller size of the enterprise is beneficial to the formation of administrative innovation and organizational innovation climate. Organizational innovation and organizational climate for innovation of enterprises with moderate and higher performance, is significantly higher than organization with poorer or much poorest performance. For the differences of position, e-valuation of common staffs and supervisors is significantly lower than that of middle or top managers. And for the educational background, the perception of organizational climate for innovation by the employees with high school degree and below is significantly higher than employees receiving junior, undergraduate, and postgraduate or above education.

Finally, the conclusions were summarized and relevant management ways were brought forth. Some advices were given for future research to avoid the limitation.

Key words: Transformational leadership Transactional leadership
Laissez-faire leadership Organizational innovation
Organizational climate for innovation Organizational change

目 录

1 绪论

本章主要阐述本书研究的背景、研究的目的及意义、研究内容，介绍研究思路与研究方法，提出拟解决的问题和主要创新点，最后是本书的结构安排。

1.1 研究背景

（1）国内企业的迅猛发展态势及企业组织自身对变革与创新的需求

20 世纪 80 年代开始，组织机构呈现出前所未有的变化无常、快速发展和激烈竞争的局面。现代企业都无一例外地面临着技术快速进步、产品生命周期缩短及全球化的动态环境。变革已经成为近几十年来全球企业管理领域最强烈的呼声。德鲁克说过，变革是永恒的。企业在其成长的过程中难免会因为外部环境的变化而出现问题，这就需要进行或大或小的变革。变革是使当前势态发生变化，创新则是一种更具体的变革方式。所有的创新都包含着变革，但并不是所有的变革都涉及新的观点或带来显著的改进。创新是一个民族进步的灵魂，是国家兴旺发达的动力，也是企业基业长青的关键因素。

中国改革开放以来，国内经济得到迅猛发展，企业为了适应不断变化的外部环境，就迫切需要改变对自身发展不利的内部因素，通过创新提升企业的竞争力。组织通过创新来提升组织绩效一直是组织研究者和管理决策者关注的问题（Damanpour，1987）。尤其是进入 20 世纪 90 年代后，伴随知识经济浪潮，组织开发新科技的能力成为战略竞争力的核心，组织保持竞争优势的唯一途径就是持续地促进和提升创新活动，组织创新成为关乎企业的可持续生存和发展能力、竞争能力提升的焦点话题。为了在激烈的环境下生存、竞争、发展及领先，组织必须比以前有更强的创造力和创新力（Tierney et al.，1999；Jung et al.，2003）。然而，究竟是什么因素导致或者促进组织创新？

Schumpeter（1912）最早对组织创新进行了研究，并把创新定义为“新的生产函数的建立”。此后，研究者们从多个角度对组织创新的不同方面进行了深入研究，呈现出结果学派、过程学派和唯意志论、政治等其他学派。影响组织创新的因素有很多，大致有三类：组织因素、个人因素和环境因素（Damanpour, 1991, 1996）。Kimberly and Evanisko（1981）和 Koberg et al.（2003）将促进组织创新的因素概括为：①个人或领导者特性：倾向变革的心态；②内在的组织结构特性：集权化和复杂度等；③外在的组织特性：组织制度的开放性。由此看来，领导者对组织创新的作用不可小觑。

不同风格的领导对组织的发展理念、成长模式、经营哲学等都会有相应的影响。中国传统的“官本位”意识已经在诸多国民的脑海中根深蒂固，组织中的领导者会过分注重权力而不尊重基层员工的创新，这种权力官本位很大程度上影响了组织创新的发展。所以，对企业组织而言，需要寻找新型的领导风格来淡化这种意识，从思想上支持组织、群体及个人层次上的创新。变革型领导则能通过让下属理解个人使命，激发下属高层次需求，促进下属为了组织的利益而超越个人利益并产生比期望更高的工作绩效。当前，中国经济正处于转型时期，组织要变革，要创新，选择有效的领导风格对组织的发展至关重要。

（2）领导理论的发展及社会对有效领导的呼唤为本研究指明了方向

1978 年，Burns 在《Leadership》一书的开篇中写到：“在我们所处的时代中，一个最为普遍的渴望是对强有力的富有创造性的领导的渴求。”显然，时光的流逝并没有改变人们这一深刻的渴望，领导力贫乏的危机正在不断蔓延到更广阔的领域。这一点在当代中国尤其明显，中国的企业界、政界对领导力都有着前所未有的呼吁。这种对领导力的过分依赖除了显示时代的混沌状态，也暴露了组织中领导力的匮乏。人们在考察领导力概念时，往往过分地强调了领导者的权力因素，而忽略了领导者与追随者之间共生的关系。Burns 曾指出，领导并不是单纯的领导者赤裸裸地行使权力，而是引导追随者按照双方认可的价值和动机去行动。基于领导者与追随者之间不同的互动目的，Burns 将领导分为三种类型：交易型领导、变革型领导和道德型领导。交易型领导是最浅层次的领导，双方相互接近是为了交换某种有价值的东西，这种东西可能是政治上的，也可能是经济上或者心理上的，最典型的就是选票交易；变革型领导则以超越交易之上的双方的共同目标为基础，在交往的过程中提升双方的动机和道德水平；最高级的类型是道德型领导，这种领导不仅能成功地实现双方的期望，而且领导者本身具备超凡的魅力。

变革型领导方式不同于交易型领导方式。变革型领导者注重培养员工对组织任务及目标的认同。领导者与下属之间的关系是一种相互激励和促进的关系，其特征可以概括为以下四个方面：魅力领导、感召力、个性化关怀和智力激发（Bass, 1985）。

首先，在变革型领导运作的过程中，魅力是一个基本要素，魅力使得领导者能够产生巨大的具有象征意义力量的能力，员工也愿意认同这种能力。员工将领导者理想化，并常常对他们产生一种强烈的依附心理。其次，与魅力密切相关的是感召力。感召力描述的是领导者如何满怀激情地描述出未来理想化的组织。领导者用一种充满幻想的方式描绘出员工工作群体能够实现什么样的目标，被激发的员工随后就会积极地去实现组织目标。再次，个性化关怀概括的则是领导者如何充当员工的导师。他/她将员工视为独特的个体，并且为员工的需要和他们所关心的事提供帮助。最后，智力激发描述的是领导者如何激励员工运用新方法解决老的、熟悉的问题。通过刺激员工运用新的思考方式，员工会对其原有的思路提出质疑，并自己去尝试创造性地解决问题。

在满足员工需求层次方面，交易型领导与变革型领导有显著区别。交易型领导者对员工低层次的需要加以分析，并由此决定其目标。他们试图通过使员工对其基本需要和工作感受到满意而维持组织现状。然而，交易型领导者也减少了员工为实现更高目标所需要的努力，降低了员工工作满意程度和完成组织目标的效率。与此相反，变革型领导者关注点更高，能够意识到并且能够挖掘员工超越个人眼前利益，提升到更高层次的需要。通过将员工吸引到这些较高层次的需要之上，变革型领导者能够激励他们超越其原有的目标，获得更大发展。

在过去的几十年中，无论是从事实际工作的管理者，还是研究领导方式的学者，都非常关注对提高领导者效率行为的探究和鉴别（Bass, 1985；Yukl, 1989）。有效的领导方式意味着理解管理者和员工之间相互作用的过程（Yates, 1985），与之相应，交易型领导方式和变革型领导方式是解释管理者与员工之间如何相互影响的两种方法（Burns, 1978；Bass, 1985）。近年来，领导方式的研究重点在于鉴别和考察领导者所实施的有效行为，比如，使追随者更加意识到工作成果的重要性和价值、激发他们的高层次需求，使他们愿意为了组织利益而超越个人利益（Bass, 1985；Yukl, 1989）。这些变革型领导行为被认为会加强交易型领导者行为对员工工作成果的影响：下属信任并尊敬其领导者，而且由于受到鼓舞，他们所做的工作会超过对他们的期望（Yukl, 1989）。尽管众多研究变革型领导的方法及对领导行为研究的内容有差异，但是研究者们都一致认为，高效的领导者会变革或转变追随者基本的价值观、信念及态度，从而使他们能自愿地超越组织明确规定的最低要求。

(3) 变革型领导/交易型领导与组织创新的关系和作用机制需要在中国组织变革情境下进一步验证

许多组织机构面临着如下挑战：商业模式的创新、管理混乱的状态、经历内外部的文化变革、重新设计业务流程、重组组织机构、采用新技术、向组织成员授权、减弱组织障碍、寻求可持续发展方法、创设高度参与管理的制度等等。组织仅仅通过技术创新则不能迎合这些挑战，还需要适时加强管理创新。Daft (1978) 的双核心模型认为组织有管理和技术两个核心，管理创新和技术创新在推动组织创新过程中有重要的协同作用。管理创新和技术创新这两类创新不仅影响组织绩效的方方面面，而且也会互相产生影响。虽然并不是每一次技术创新都会导致管理创新，但两者的结合使用有助于维持公司内技术系统与社会结构 (Social structure) 间的平衡，并产生更高的组织绩效 (Trist, 1981)。以往众多的关于组织创新的研究都仅仅关注于技术创新领域，因此，对管理创新和技术创新的划分有助于从整个组织结构层次上把握组织创新。

组织变革是组织创新的前提，组织创新又会反过来影响组织变革，二者之间有着密切的联系。中国处于经济转型时期，组织变革势在必行。而这一变革的趋势则会对组织的创新起到一定的促进作用。因适应外部环境的变化而进行的组织变革会给组织带来技术创新绩效的增加 (Samuel and Jacobsen, 1997)。Sun (2000) 在对中国国有企业的发展与变革管理中论述，企业规模越大，变革的需求越大，就越要进行创新。Cayer 和 Minkler (1998) 认为在市场环境快速变化的情况下，组织需要变革，需要加快技术创新水平和组织结构协调性。组织变革需要对内部资源重新整合，管理者就需要营造一个创新的氛围来推动变革 (Burnes, 2004)。组织变革在内容上有产品或服务、组织结构、技术、人员、组织文化之分；在范围上有大幅度、小幅度之分；在速度上有渐进式、剧烈式之分。而组织变革内容多少、幅度大小、速度快慢则构成了组织变革的强弱程度。组织变革的强弱程度会对组织管理创新和技术创新影响作用不同。一般而言，组织变革程度越强，对创新需求则越大，更有利于创新行为和结果的产生。

领导与组织的重大变革存在着联系，组织演变是以这种联系为基础的。领导学方面的理论家 Pfeffer (1981) 指出，领导者能够作用于组织结果，或者利用直接手段，如制定恰当的企业战略，或者利用间接手段，如有效管理来提高员工忠诚意识，营造良好的组织氛围和文化，激励并挽留员工。Bass (1985) 提出，组织内变革型领导或交易型领导的出现很大程度上与组织所面临的外部环境有关，变革型领导更可能产生于危难和快速变革的时代；交易型领导则更可能产生于秩序井然的社会。当组织面临企业战略、内部环境、生产技术等因素的变革时，领导团队是很重要的，因为个人很少有权单方面能决定这些变革。事实上，关于变革需要管理者团队的这个问题已经达成一致意见。Tushman 与 Romanelli（1985）提出，组织周期由两个阶段组成：相对稳定阶段、彻底重新定位和变革阶段，而结合关系导向和任务导向的领导在战胜抵制变革的内部势力和指导重新定位两个方面都起着至关重要的作用。Dutton 与 Jackson（1987）指出，领导者认知范畴有助于他们解释组织或环境的发展趋势，由此缩小了他们可能考虑到的行动范围。同样的情境可以解释为“威胁”，也可以解释为“机遇”，这取决于领导者的认知范畴，以及如何进行分类。

变革型领导者“大幅度”地推动和改变事物，不是用劝诱的方式，而是用激励他人的方式。他们能够通过个人的价值观、观念、激情以及敬业精神等来鼓舞和推动他人（Burns，1978）。变革型领导代表了一种新的领导模式，这种模式能使组织机构有效地摆脱混乱（Bass，1985）。Eisenbach，Watson 和 Pillai（1999）从理论上描述了组织变革情境下变革型领导的可行性和重要性，并提议对二者之间的关系进行实证验证。变革型领导是否能够积极影响组织创新还需要进一步研究。交易型领导与领导有效性的关系有点模糊，有研究表明这种领导风格增加员工绩效、满意度等，也有研究表明这种领导风格会降低员工的组织承诺（Lowe and Kroeck，1996）。现阶段的国内企业中，依然以提高生产效率为标准，领导对员工的考核是与他们的绩效挂钩。比如在创新方面，很明显的做法就是，领导通过物质或精神奖励来鼓励员工的技术上创新发明或者管理方法上的突破。所以，交易型领导与组织创新之间的关系也需要进行深入探讨。

对组织创新而言，除了必要的物质资源和人力资源支持以外，更需要支持和鼓励创新的气氛，许多组织虽然不乏有创新能力的员工，但是却缺乏支持与鼓励创新的组织气氛。组织只有在内部营造一种支持与鼓励创新的良好气氛，才能够激发组织成员的内在创造动机，鼓励他们勇于实践，并最终实现组织全面创新的目标。20 世纪 90 年代开始，组织气氛的研究重点开始转向探讨组织内部特定类型气氛的问题，例如组织中的安全气氛、伦理气氛和创新气氛等。组织创新气氛研究具有很强的针对性，所以对它研究的预测效度可能会高于一般组织气氛研究。组织创新气氛理论与实践研究在国内外都越来越受到重视。

基于以上背景，本研究将在理论上探讨变革型领导、交易型领导、放任型领导与组织创新之间的关系，通过实证分析比较不同组织变革情境下，各种领导方式对组织创新的有效性，并以组织创新气氛为中介变量，分析领导风格对组织创新发生作用的内在机制，为我国企业的变革与创新提供有效的管理对策。

1.2 研究目的与意义

1.2.1 研究目的

本研究的目的主要在于探究在中国组织变革的情境下，不同类型、不同规模企业中的变革型领导风格、交易型领导风格及放任型领导风格对组织创新产生的影响及其作用机理，为国内变革时期组织的管理实践提供理论及实证依据。

第一，在中国特有的文化情境下，对多维度领导问卷（Multifactor Leadership Questionnaire，MLQ）、组织创新气氛问卷（Team Climate Inventory，TCI）进行修订。国内已有一些研究采用 MLQ 中的部分项目对变革型领导进行测量，至于 MLQ 中的交易型领导及放任型领导的测量则较少研究，本研究将在翻译修订 MLQ 的基础上研究各类型领导风格的影响作用及机制。此外，国内仅有极少数的学者对 TCI 进行研究，所以，需要进一步对 TCI 进行修订，并研究它在中国文化下的适用性。

第二，分析变革型领导、交易型领导及放任型领导对组织创新的影响。从已有研究来看，变革型领导会对员工的行为及组织绩效产生积极的影响，交易型领导虽然在很多方面的有效性不如变革型领导，但是也会受到情境因素、下属因素的影响而发挥作用（徐长江，时勘，2005）。放任型领导这种非领导行为被很多研究证明与领导有效性负相关，那么在国内这种领导风格是否存在以及负向影响程度如何，还有待探索。变革型领导、交易型领导及放任型领导对组织创新影响的实证研究还比较少，本研究将从实证角度探讨这些领导风格对组织技术创新和组织管理创新的影响。

第三，分析组织变革的调节作用。国内学者在组织变革方面也有研究，但大多数研究局限于定性描述变革的趋势，也就是关心目标，而不考虑过程与结果，主要问题是缺乏实证研究。本研究将在已有的组织变革理论基础上，深入企业调研，把组织面临的组织变革分为强势组织变革和弱势组织变革，并通过确定一些指标来鉴定组织是属于哪个程度的变革。然后分析组织变革的强弱程度对领导风格与组织创新关系的调节作用。

第四，分析组织创新气氛的中介作用。组织创新气氛作为组织创新的前因变量，对组织的管理创新和技术创新有积极的影响。Van de Ven（1986）指出，领导在创新中扮演关键角色，并创造有利于提升创新能力的氛围。不同风格的领导对组织创新氛围及组织创新的影响都有差异。Jung，Chow 和 Wu（2003）研究变革型领导与组织创新之间关系，将授权和支持创新的组织气候作为中介变量进行研究，结果发现支持创新的组织气候中介作用显著，而授权对组织创新起着负向作用。陈威豪（2006）在对创造与创新氛围研究述评中总结出：领导风格可间接地通过影响支持创新的组织氛围，来影响组织创新的产生，但从直接授权方式中则无法达到组织创新的效果。本研究将探讨组织创新气氛在不同领导风格对组织创新作用机制中的中介作用。

1.2.2 研究意义

（1）理论意义

① 本研究从实证角度来探讨变革型领导、交易型领导、放任型领导对组织创新的影响，充实了中国情境下对西方领导理论的研究与验证。本研究将从组织层次上对三种领导风格进行研究，为更好地验证领导行为的权变理论。

② 本研究将组织变革划分成强弱程度来分析其调节作用，探讨不同程度下变革型领导行为、交易型领导行为及放任型领导行为对组织创新的影响的差异。现有研究很少有对组织变革进行实证研究，本研究将从实证角度丰富组织变革理论。

③ 本研究将验证组织创新气氛在变革型领导、交易型领导及放任型领导行为对组织创新（管理创新和技术创新）作用机制中的中介作用是否存在。从理论上充实组织创新气氛的过程作用。

（2）现实意义

① 本研究的结论为组织创新的顺利实施提供借鉴。从管理创新和技术创新层面分别构建模型，分析促进管理创新和技术创新的关键变量，用于指导实践中的创新活动。通过适应变革情境，改善组织中的领导—下属关系，共建组织创新气氛，从而达到组织创新的战略目标，对组织的发展具有长远效应。

② 本研究的结论为组织中领导风格的塑造提供参照。领导的有效性是组织所追求的目标，国外已有很多研究证实变革型领导、建设性交易型领导（权变奖励、积极例外管理）与领导有效性之间的正向关系，国内对于这个关系研究还不是很多。本研究将通过实证来证实变革型领导、交易型领导、放任型领导与组织创新之间的关系，从而提出在中国组织创新过程中应该采用什么样的领导方式以促进创新活动的顺利开展。

③ 本研究的结论为变革情境下的组织提供管理思路。通过对比不同组织变革情境下的变革型领导对组织创新的影响，分析变革型领导、交易型领导、放任型领导的运用情境及其交互作用，为不同情境下组织的创新提出实质性的管理建议，对组织适应变革，提升管理水平有重要的意义。

1.3 研究内容与思路

1.3.1 研究内容

本研究以领导风格对组织创新的作用机制为主线，分析组织创新气氛的中介作用，并探索组织变革情境对主线的调节作用。如图 1–1 所示。

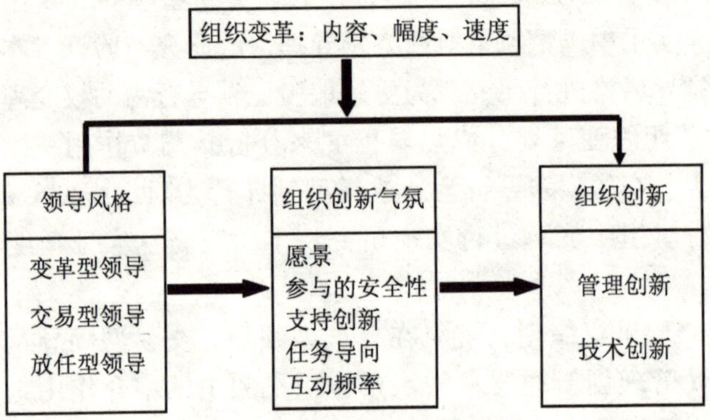

图 1–1　本研究的基本思路框架

（1）领导风格对创新的影响。本研究将参考 Bass（1985，1990，1999）全范围领导理论中领导风格的类别，分别探讨不同领导风格与组织创新（技术创新与管理创新）的关系。

（2）组织创新气氛中介作用研究。通过分析组织创新气氛及其五个维度在变革型领导、交易型领导、放任型领导对组织创新影响过程中的中介作用，探讨组织创新气氛中介作用是否存在以及各维度的效用大小。

（3）组织变革对领导风格与组织创新之间关系的调节作用研究。按照组织内变革的内容、幅度、速度等对组织变革的强弱进行区分，并探讨不同强弱组织变革程度下变革型领导、交易型领导及放任型领导与组织创新之间的关系是否有差异。

（4）被试的人口学变量及组织的特征变量对组织创新气氛及组织创新的影响研究。从被调查者的年龄、性别、受教育程度、职位、在职时间等方面探讨这些人口学变量对组织创新气氛及组织创新是否有影响，从而考虑在对假设检验的时候需不需要将其作为控制变量进行控制。参照已有研究，将对组织创新有影响的组织特征变量：组织规模、组织效益、组织性质进行方差分析，有显著影响作用的变量也在假设检验中作为控制变量进行统计分析。

1.3.2 研究方法

本研究主要采用理论分析与实证研究相结合的方法对我国变革时期领导风格的作用机制进行研究。

（1）文献法。通过阅读大量国内外相关文献与专著，了解变革型领导、交易型领导等变量的作用机制与过程，了解组织创新的影响因素，了解组织变革理论和组织创新影响因素等，为本研究奠定坚实的理论基础。

（2）访谈法。通过深人企业内部，访谈高层领导及员工，确定组织变革强弱程度的指标和各变量问卷项目的条文。

（3）问卷法。本研究将以自行设计的问卷为调查工具，问卷主要包括：变革型领导、组织创新气氛、组织变革程度、组织创新、被调查者个人资料、组织相关资料。各部分问卷的来源见表1-1所示。

表1-1 调查工具及来源

部分	问卷组成	来 源
1	领导行为	借鉴 Bass（1985，1990，1999）MLQ 进行修订
2	组织变革程度	根据与企业组织领导的访谈确定组织变革强弱程度的区分指标
3	组织创新	借鉴 Damanpour（1991，1996）理论及国内一些研究的问卷进行修订
4	组织创新气氛	借鉴 Anderson and West（1996，1998）研究的 TCI 进行修订
5	被试个人资料	借鉴类似研究中的人口统计学变量
6	组织相关资料	根据组织所处行业、环境、资源、竞争性及组织规模进行分类

1.3.3 技术路线

技术路线是引导本研究从选题、构思、调研、分析数据，直到总结研究结论的总体性研究规划。本研究将遵循如图 1-2 所示的技术路线。

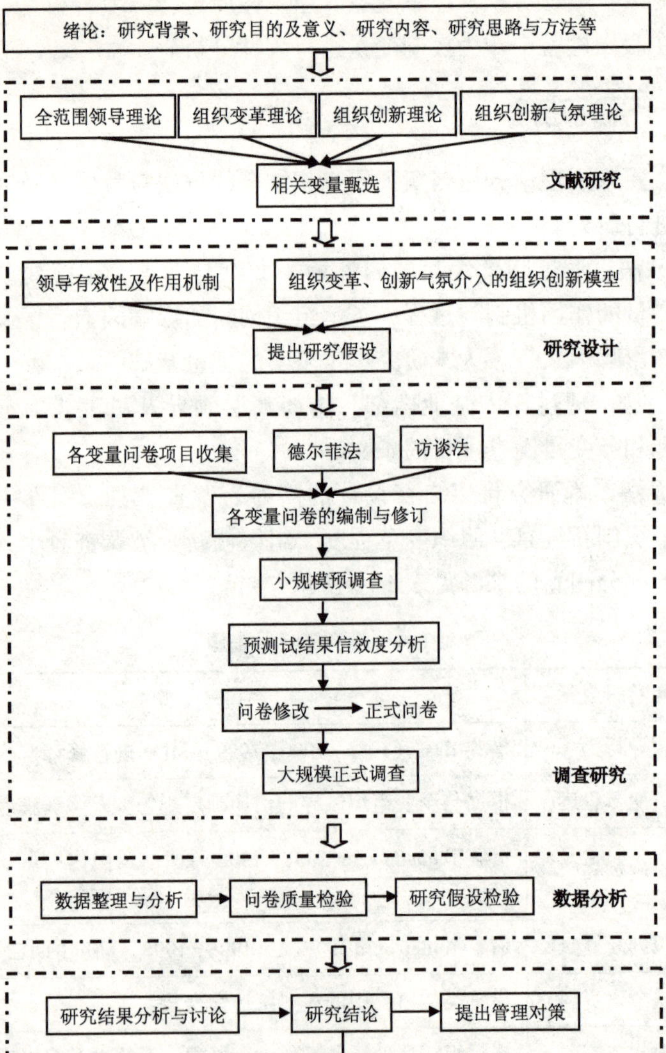

图 1-2　研究技术路线图

1.4 主要创新点

（1）通过实证研究确定了全范围领导在中国文化背景下的八个维度：魅力领导、感召力、智力激发、个性化关怀、权变奖励、积极例外管理、消极例外管理和放任型领导；确定了组织创新气氛在中国文化背景下的五个维度：愿景、参与安全性、支持创新、任务导向和互动频率。并对这些维度在整个研究模型中的作用进行分析。

（2）通过实证研究证实了变革型领导、交易型领导及放任型领导对管理创新和技术创新的影响。将全范围领导的八个维度分别与管理创新、技术创新建立模型，结果发现：对管理创新的影响中，智力激发的正向影响最大，其次是权变奖励、感召力、魅力领导；积极例外管理、放任型领导的回归系数为正，但是没有达到显著性水平；而个性化关怀和消极例外管理的回归系数为负，也没有达到显著性水平。对技术创新影响中，智力激发的正向影响最大，其次是权变奖励、感召力、魅力领导；积极例外管理、放任型领导的回归系数为正，但是没有达到显著性水平；而个性化关怀和消极例外管理的回归系数为负，也没有达到显著性水平。尽管全范围领导的八个维度对管理创新与技术创新的影响作用大小排序是一致的，但是各维度对管理创新和技术创新具体的影响作用是有差异的。结果说明：变革型领导、交易型领导对组织创新都有显著的正向影响；放任型领导对组织创新没有显著的影响。

（3）通过实证研究揭示组织创新气氛在领导风格与组织创新之间关系的中介作用。组织创新气氛对变革型领导与管理创新、技术创新的关系起部分中介作用，对交易型领导与管理创新、技术创新的关系起部分中介作用，对放任型领导与管理创新、技术创新的关系起完全中介作用。

（4）在对组织变革强弱程度划分的基础上，通过实证研究发现了不同程度组织变革情境下领导风格对组织创新的不同影响。结合文献和访谈的结果，组织变革的强弱程度划分由组织变革内容、组织变革幅度、组织变革速度组成。其中：组织变革幅度对变革型领导与管理创新有调节作用；组织变革内容对变革型领导与技术创新有调节作用；组织变革内容对交易型领导与管理创新有调节作用；组织变革速度对交易型领导与技术创新有调节作用。组织变革对放任型领导与组织创新的关系没有调节作用。

1.5 研究的结构安排

本研究的思路及结构安排如图 1-3 所示。

第一章 绪论。本章主要描述研究背景、研究的目的及意义、研究内容。提出论文的研究方法、技术路线、主要创新点和论文的结构安排。

第二章 文献综述。本章主要对以下几个方面的理论进行回顾和述评。包括：全范围领导理论（FRLT）；组织创新的影响因素；组织变革及其与领导、组织创新的关系；组织创新气氛及其与领导、组织创新的关系。

第三章 研究假设提出。在文献研究基础上，构建变革型领导、交易型领导、放任型领导、组织变革、组织创新气氛、组织创新等变量之间的关系模型，形成研究框架，并提出相关的研究假设。

第四章 问卷设计与预测试。本章主要阐述研究变量的界定、维度划分，问卷的开发与设计，访谈及小规模预测，以及对回收的样本进行问卷质量检验，通过信效度评价对问卷进行修订，确定最终的调查问卷。

第五章 数据收集与数据评估。本章主要介绍本次调研被试的选取和抽样方法，样本的描述性统计，数据的信效度评价。

第六章 假设检验与结果分析。本章主要利用 SPSS13.0 和 LISREL8.30 软件，对正式数据进行方差分析、回归分析、结构方程模型检验和假设检验，并对结果进行分析。

第七章 结论与管理对策。本章主要对研究结论进行提炼与总结，提出相应的管理对策，指出本研究的贡献、局限性及展望。

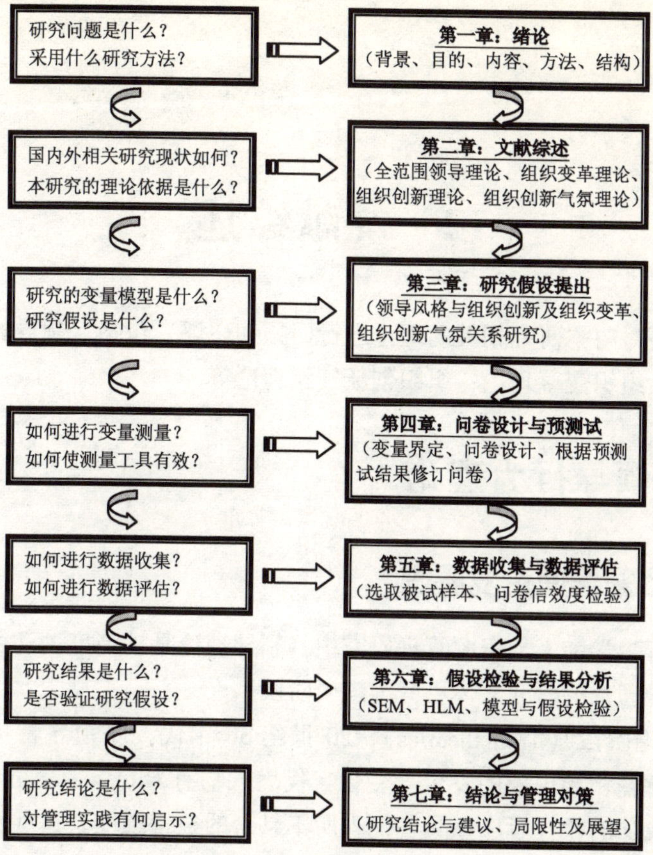

图 1-3　论文的思路及结构安排图

2 文献综述

本章主要对与本研究相关的理论进行回顾和述评，包括：领导行为理论；组织创新理论；组织变革理论；组织创新气氛理论等。

2.1 领导行为理论

2.1.1 领导理论发展史

在组织行为学和人力资源管理研究中，领导理论是被高度关注的一个研究领域。西方领导理论的研究大体可分为三个阶段：

① 特质论阶段（Trait theories），20 世纪 30 年代，以领导者特质为研究对象，探究和解释领导现象的发生与变化，代表人物有 Gibb、Stogdill、Chiselli 等。该理论认为成功的领导者应该具备他人所不具有的独特技能，这些技能由先天具备和后天学习共同形成。

② 行为论阶段（Behavior theory），20 世纪 50 年代，俄亥俄州立大学和美国密执安大学以领导行为为研究对象，对领导活动进行动态的研究，以关心生产/关心人对领导行为进行划分，为 Blake 和 Mouton 的管理方格理论奠定了基础。该理论还认为领导者不是与生俱来就是领导者，领导者个人素质特征是通过领导者后天的培训、发展，使其具备了有效领导能力的一种行为模式。

③ 权变理论阶段（Contingency theory），20 世纪 60 年代，形成的权变理论认为，领导活动并不仅仅指领导者的活动，它还应当包括被领导者和领导环境，主要理论有 Fiedler 的权变模型、Hersey 和 Blanchard 的情境领导理论、House 的路径—目标理论、Vroom 和 Yetton 的领导—参与模式理论等。领导与领导的有效性关系主要受到情境的影响，领导在企业管理和决策的过程中必须根据具体情境来选择或确定最好的领导行为，领导权变理论的形成考虑到了外部因素，对领导

理论本身是一种极大的贡献。根据权变理论，可以断定：某种领导风格并非在任何情境下都有效，某些个体、工作和组织变量可以作为“领导的替代物”，增强或减弱领导者的影响。

20世纪70年代末，美国政治社会学家Burns通过对政治领导的研究，首先提出了变革型领导（Transforming Leadership），指出变革型领导是“领导和下属之间彼此互相提升成熟度和动机水平的过程”；由领导者提供奖励，而追随者以努力作为回报，在这样一种互换的关系中可以发现交易型行为。变革型领导理论则成为70年代末期领导理论研究的新热点。

当前领导理论的新观点主要有：领导的归因理论，领袖魅力的领导理论，以及交易型与变革型的领导。领导的归因理论（Attribution theory of leadership）指的是，人们倾向于把领导者描述为具有这样一些特质，如智慧、随和的个性、很强的语言表达能力、进取心、理解力和勤奋。领袖魅力的领导（Charismatic leadership）理论是归因理论的扩展，指的是当下属观察到某些行为时，会把它们归因为伟人式的或杰出的领导能力。有领袖魅力的领导者的关键特点：自信、远见、清楚表述目标的能力、对目标的坚定信念、不循规蹈矩的行为、作为变革的代言人出现、环境敏感性。

交易型领导与变革型领导的差异，是近来领导理论界讨论的热点。之前的大多数领导理论（如：菲德勒的模型；路径—目标理论；领导参与模型）都与交易型领导风格有关，这些领导者通过明确角色和任务要求而指导或激励下属向着既定的目标行动。而变革型领导者则是鼓励下属为了组织的利益而超越自身利益，并能对下属产生深远且不同寻常的影响，这种领导者更具有领袖魅力。他们关怀着每一个下属的日常生活和发展需要；他们帮助下属以新的观念看待老问题从而改变了下属对问题的看法；他们能够激励、唤醒和鼓舞下属为达到群体目标而付出更大的努力。单纯领袖魅力的领导仅仅是想让下属适应领袖魅力的世界就足够了，而变革型领导者则试图逐步培养下属的能力，使他们不但能解决那些管理中产生的问题，而且完全能解决那些由领导者提出的问题。有相当多的证据支持变革型领导优于交易型领导。比如，对美国、加拿大和德国军队的官员进行的大量研究发现，在每个层面上，对变革型领导者的评估都比交易型领导者更好（Wong et al.，2003）。变革型领导与交易型领导相比，与低离职率、高生产率和高员工满意度之间有着更强的相关性（Bass，1999）。

2.1.2 全范围领导理论

Bass（1985）认为之前的领导理论主要关注下属的目标、角色分工和领导给下属行为支持或给予报酬的方式。这种交易型的领导局限于仅与下属存在基本的交换关系。他建议需要一种替换者，能理解领导者如何影响下属超越个人利益而追求更多的组织利益以达到最佳的绩效水平。他指出，这种类型的领导就是变革型领导。Bass 的变革型领导理论对 Burns（1978）的变革型领导理论和 House（1976）魅力型领导理论进行了拓展。他是最早在组织情境下明确区分交易型领导和变革型领导的学者，他更关注变革型领导本质和要素的具体表现形式。Bass（1985）认为，变革型领导者同交易型领导者的行为方式有本质区别。交易型领导行为聚焦于领导的管理方面，突出业绩监控、纠正错误和奖励成绩等行为；而变革型领导者能够把追随者从自我中心的个体变成忠于群体的成员，激发追随者取得超出预期的成绩。Bass 明确指出，魅力是变革型领导的必要条件而非充分条件，魅力是变革型领导有效性重要来源，但不能代表全部。他把 Burns 的概念具体转化为一种心理学研究，并开发了一个评估工具——《多因素领导问卷》（Multifactor Leadership Questionnaire，MLQ），既测量变革型领导，又测量交易型领导和放任型领导。

Bass 通过 MLQ 收集的数据证明交易型领导和变革型领导并非处于对立的两极，而是领导的彼此独立的不同方面；二者关系类似“任务导向”和“关系导向”这两个独立但不对立的行为维度。Bass 的方法从一开始就既包含了早期基于交易型领导的行为方法，也包括新的变革型领导的行为方法，使其成为第一种可以被称为“混合”的方法。这是 Bass 对 Burns 理论的重要修正。他认为变革型领导是交易型领导的一种扩充。Bass 还发展了 House 的研究成果，并作为 MLQ 测量变革型领导因素之一。

Avolio 与 Bass（1991）提出了一种新的领导理论，被称作“全范围领导理论”（full-range leadership theory，FRLT）。FRLT 包含了三种类型领导行为：变革型领导（Transformational leadership）、交易型领导（Transactional Leadership）和放任型领导（Laissez-faire Leadership），共有九个截然不同的因素组成。多因素领导问卷（MLQ）是被运用的最广泛的测量这九个领导因素的问卷（Lowe，Kroeck and Sivasubramaniam，1996；Hunt，1999；Yukl，1999）。

Bass 原先的理论包括四个变革型领导因素和两个交易型领导因素。在 20 世纪80至90年代，Bass和他的合作者在实证研究的基础上进一步扩展了这个理论（Avolio and Bass，1991；Avolio，Waldman and Yammarino，1991；Bass，1998；Bass and Avolio，1994；Hater and Bass，1988），这些研究样本涵盖了商业经理人、代理机构管理者和美军军官等。自1985年提出之后，Bass对MLQ进行过多次修订，现行版本把理想化影响（魅力）这个维度细分为两个子指标：归因和行为。同Burns的理论一样，Bass的变革型领导理论是建立在马斯洛的需求层次理论基础之上的。变革型领导者诱发并引导追随者追求在马斯洛的需求层次结构中较高层次的需求：自尊和自我实现的需求。但是Bass并没有解释如何将追随者的需求从较低层次转换到较高层次的机制。当然，在领导者的个性和行为特征研究方面，Bass的贡献是杰出的。但由于这是一种个人取向的理论，Bass的研究尤其是其早期研究，以领导者对追随者个体层面的变革作用为主干，尚未明确指向组织变革层面。现有的FRLT理论包含九个单独的因素，其中5个变革型领导因素，3个交易型领导因素和1个放任型领导因素，如图2-1所示。

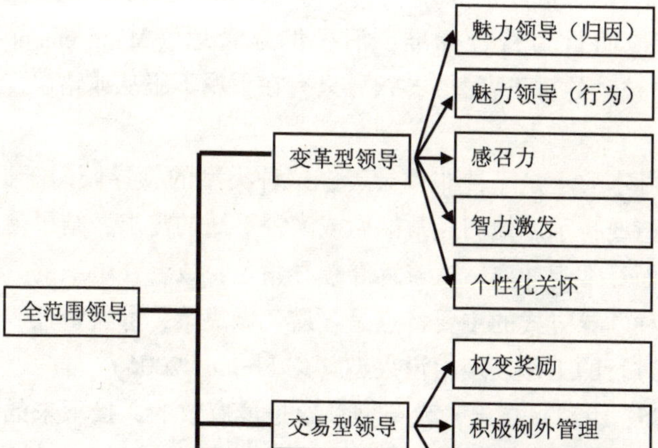

图2-1 全范围领导理论模型

变革型领导是一种前摄的，唤起下属产生卓越的集体利益意识，帮助下属达到非凡的目标的领导（Antonakis，Avolio and Sivasubramaniam，2003）。变革型领导理论上包含以下5种独立的因素：理想化影响力/魅力领导（归因）（Idealized influence attributed)，指领导的社会化魅力，不管这个领导被认为自信和强有力的还是被认为强调更高的理想和道德都属于这一范畴；理想化影响力/魅力领导（行为），（Idealized influence behavior）指领导关注价值观、信仰及使命感等有魅力的行为作风；感召力（Inspirational motivation），指领导通过对未来的乐观主义、强调有雄心的目标、突出一种理想化的愿景以及与下属交流愿景的可实现性来给员工动力；智力激发（Intellectual stimulation），指领导通过引起下属挑战性，创造性地思考并找到解决疑难问题的办法来激发下属的逻辑思考和分析能力；个性化关怀（Individualized consideration），指领导通过建议、支持、关注员工的需求，并允许它们发展和自我实现来达到员工的满意。

交易型领导是一种基于履行合约义务的交换过程，可以代表性地描述成：设定目标，监督并控制结果。交易型领导理论上包括以下三种独立因素：权变奖励（Contingent reward）（即：建设性事务），指领导行为强调阐明角色和任务要求并根据他们履行合约义务情况提供物质的或精神的奖励；积极例外管理（Management-by-exception active）（即：积极的矫正事务），指领导对下属保持警惕性以确保他们行为符合标准；消极例外管理（Management-by-exception passive）（即：被动的矫正事务），领导只有在下属不服从或错误发生了之后才进行干预。

放任型领导本质上是一种非领导者，这种类型的领导倾向于退出领导角色，提供很少的支持或指示。他们经常缺席或漠视下属的需求，结果使得下属之间在角色和责任方面经常起冲突，试着篡夺领导角色，或者在组织的其他地方寻找指示或期望。这种领导方式的主要特点是：避免做决策，逃避责任，在争论中拒绝偏袒，对正在进行的工作表现出没兴趣（Kirkbride，2006）。

Bass（1985，1999）指出，变革型领导是最有效的，接下来的有效性排序为权变奖励、积极例外管理、消极例外管理和放任领导。不过，他也认为，在领导者之间并没有完全的区分，就是那些变革型领导者也会在必要情况下采用交易型策略。全范围领导模型，试图描述完整的领导风格，从不作为领导风格到交易型领导风格再到变革型领导风格的工作状态（如图2-2所示），以及理想化影响、感召力、智力激发、个性化关怀、权变奖励、例外管理、放任管理等维度对绩效的影响（Kirkbride，2006），如图2-3所示。

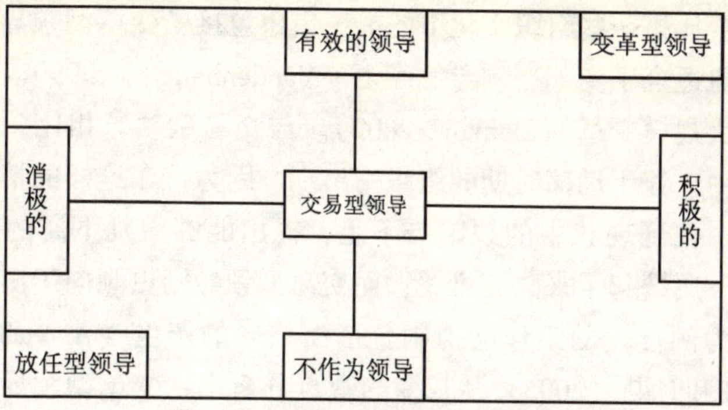

图 2-2 领导风格与领导有效性

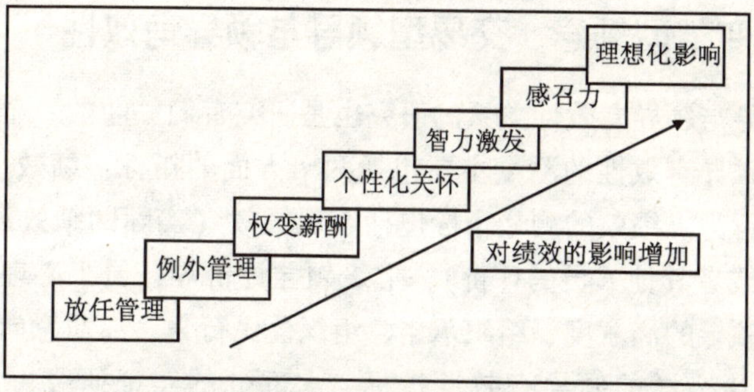

图 2-3 领导风格各维度与绩效的关系

2.1.3 变革型领导与交易型领导的适用情境

这两种领导风格适用于不同的管理情境。Den Hartog，Van Muijen 和 Koopman（1996）的研究表明，部门的领导被描述为具有变革特质的，其文化方面主导价值观也是支持变革和创新的。以规则导向、强调内部控制的组织文化也更易培育出交易型领导（Lowe and Kroeck，1996）。Pawar 和 Eastman（1997）则从理论上探讨了不同组织对变革型领导的接受性的差异，其中适应导向的企业会比效率导向的企业更能接受变革型领导，而家族式企业会比市场式、层级式的企业更能接受变革型领导。Bass（1999）认为研究者需要对影响领导行为作用的组织环境因素给予更多的关注，对于变革型领导的作用机制，以及员工的价值观和信仰如何从服从到认同，再到内化的变化机制需要更多的解释。组织文化就是影响变革型领导与交易型领导作用机制的一个重要的组织层面的情境变量，既定的组织文化会影响人们对于变革型领导与交易型领导的接受程度及其作用的发挥，某些组织文化下的员工会比另一些组织文化下的员工更愿意接受变革型领导者，同样，某些组织价值观更适合于变革型领导的产生（Vandenberghe, 1999）。变革型领导适应战略导向的大规模变革（Elenkov, 2002）。与交易型领导相比，变革型领导更可能在危机之中或处于动荡时期的组织中出现，因为，在这样的情境下，领导者能够抓住机遇，找到现状中的缺陷与不足，提出能够激励下属的发展蓝图与愿景，并且能与下属携起手来共渡难关；而交易型领导则更倾向于出现在比较稳定的环境中，因为例行化的工作会抑制变革型领导的产生（Antonakis and House, 2002）。徐长江和时勘（2005）从权变的观点分析出：变革型领导与交易型领导的有效性还要受到情境因素、被领导者因素的影响。

2.1.4 变革型领导、交易型领导与领导有效性

变革型领导与领导有效性关系的研究也是研究者们关注的一个热点。从国外的研究来看，领导有效性的测量主要包括两个方面的指标：绩效（Performance）和员工心理与行为。绩效的测量指标包括客观绩效（实际的绩效数据）、主观绩效（管理人员或者其他人员的评价）、上级领导评价等；员工心理与行为包括员工满意度、对领导的满意度、组织承诺、组织公民行为、离职意向、反生产行为等。不管采用什么样的领导有效性指标，大部分的实证研究，包括现场研究（Hater and Bass, 1988；Howell and Avolio, 1993；Bycio, Hackett and Allen, 1995；Pillai, Schriesheim and Wigiams, 1999；Jung and Bono, 2000；Whittington, Goodwin and Murray, 2004）、实验室研究（Kirkpatrick and Locke, 1996；Shea and Howell, 1999；Judge and Avolio, 2000）、现场实验（Barling, Weber and Kelloway, 1996）和元分析（Lowe, Kroeck and Sivasubramaniam, 1996），结果都表明变革型领导与领导有效性的正向指标有正向的关系，而与负向指标有负向的关系。Bass（1999）指出，对200个数据报告的分析表明变革型领导比交易型领导与领导有效性、同事满意感有更高的相关。Lowe等人（1996）采用元分析发现变革型领导对影响下属知觉到的领导有效性和组织输出是有效的，它能够普遍预测跨组织性质的领导有效性。在大多数研究中鲜有对变革型领导与上司评估的关系的研究，而上司在很多情况下是决定管理者职业生涯发展的主要人员，因此上司如何看待变革型领导就显得很重要。在这方面，Judge和Bono（2001）进行了有关研究，结果发现在控制了交易型领导的情况下，变革型领导能够有效预测上司评估的领导有效性、下属组织承诺等，但却对下属工作满意感缺乏预测效力。Jung

(2001) 研究发现在实验情景下，变革型领导能够激发下属更高水平的创造力。Judge 和 Bono (2000) 研究结果表明，变革型领导对员工对领导的满意度、组织承诺、工作动机及领导者有效性均有显著的影响。Avolio 等 (2004) 采用层级线性模型 (Hierarchical Linear Models，HLM) 考察了变革型领导与组织承诺的关系，结果表明变革型领导对组织承诺有显著的正向影响。Piccolo 和 Colquitt (2006) 研究揭示了变革型领导对任务绩效和组织公民行为的直接作用，以及经由中介变量：工作因素、内在激励和目标承诺等的间接作用。这些对变革型领导与领导有效性关系的研究都是在国外进行的，且采用的是 Bass 等的 MLQ 问卷。

李超平、时勘 (2003) 运用翻译修改过的 MLQ 中变革型领导量表在国内进行研究，发现变革型领导的三个维度——领导魅力、智能激发和个性化关怀对领导有效性有正面的影响，而感召力这个维度对领导有效性的影响没有达到显著水平。孟慧 (2004) 对变革型领导的理论及其与领导有效性的关系进行了研究，结果表明：变革型领导具有二阶单因素结构，即四个独立子因素为领导魅力、感召力、智力激发和个性化关怀，这些子因素归属于一个单一二阶因素；研究所使用的 MLQ 具有良好的构想效度和信度，适用于中国文化；变革型领导及其子维度对领导有效性有一定的预测力。陈永霞等 (2006) 研究表明，变革型领导与员工组织承诺是正相关的关系，并且心理授权在两者间起完全中介作用。贾良定等 (2006) 研究出变革型领导与员工组织承诺之间存在显著的正相关关系，并且组织信任在变革型领导与员工组织承诺的关系中起中介作用。李超平、孟慧、时勘 (2006) 进行层次回归分析与典型相关分析的结果都表明：变革型领导对组织公民行为有显著的正向影响，且能解释的方差变异量明显高于国外同类研究。李秀娟、魏峰 (2006) 检验了领导行为、领导下属交换对领导有效性的影响，发现：变革型领导有助于员工绩效、满意度、额外努力和组织承诺的增加；变革型领导既通过领导下属交换的提升引起员工绩效、满意度和组织承诺的增加，又直接引起额外努力的增加。孙建国、田宝 (2006) 研究变革型领导对创新文化的影响，结果表明：变革型领导与创新文化总体上呈正相关，变革型领导各维度对创新文化总体影响按大小排序为：愿景激励、个性化关怀、领导魅力和智能激发。韩樱等 (2008) 研究发现，在低任务结构性的组织情景下，变革型领导不能提高员工的组织承诺，在高任务结构性的组织情景下，变革型领导者会降低员工的组织承诺，特别是变革型领导者激励员工的行为会极大地降低员工的组织承诺。

变革型领导与领导有效性之间的关系已经得到了证明，但是目前大部分研究都是把变革型领导作为一个高阶构念（Higher Order Construct）来分析，而较少有研究考察变革型领导不同维度对领导有效性的不同影响（李超平等，2006b）。李超平、田宝和时勘（2006b）在国内这一特殊的文化背景下，采用李超平等（2005）开发的变革型领导问卷，以员工满意度与组织承诺作为衡量领导有效性的指标，考察变革型领导每个维度与领导有效性的关系，运用结构方程模型技术对变革型领导、心理授权、员工满意度、组织承诺之间的关系进行了交叉验证分析。结果表明各维度的作用机制有所差异：愿景激励与德行垂范对组织承诺与员工满意度有显著的影响，而领导魅力与个性化关怀只对员工满意度有显著的影响；心理授权对变革型领导与员工工作态度的关系具有一定的中介作用，愿景激励与德行垂范通过工作意义影响员工满意度与组织承诺；愿景激励通过自我效能影响组织承诺。王国春（2006）研究发现：变革型领导行为的三个维度（愿景激励、德行垂范、领导魅力）与组织公民权行为（积极主动、组织忠诚、帮助行为）、组织公平感（分配公平、互动公平）都具有显著的积极关系；组织公平感与组织公民权行为之间有积极的关系；组织公平感在变革型领导行为影响组织公民权行为中有调节作用。

以前的研究已经表明领导采用交易性的“论功行赏”行为与下属的承诺、满意度和绩效存在正相关（Hunt and Schuler，1976；Podsakoff，Todor，Grover and Huber，1984；Bycio，Hackett and Allen，1995）。Goodwin 等（2001）研究得出：以认可为基础的交易型领导风格，即有隐含的契约关系，相比较建立在明确的契约关系之上的交易型领导风格，其员工更有可能表现出组织公民行为；而且，显著的交易型领导风格对建立在具体的期望和目标水平上的绩效表现出更多的认同。很多研究都是结合变革型领导来比较交易型领导的效果及作用机制。Judge 和 Piccolo（2004）研究发现，在控制了三项交易型领导行为和自由放任领导行为之后，变革型领导显著地预测了四项中的三项检验标准——下属对领导的满意度、下属的激励水平、领导的有效性，以及总体的合成检验标准。就领导风格而言，领导风格的变革维度和交易维度具有一定的相关性，交易型领导和变革型领导是领导风格的两个方面，而不是同一连续体的两个极端。同一个领导既具有交易型特征又具有变革型特征，而且领导的两个方面有同时增强或减弱趋势。变革型领导是以交易型领导为基础，是交易型领导的一种特殊情况。领导风格与企业文化具有协同性，一是领导风格的变革维度会对企业文化的发展导向维度产生影响，当领导风格的变革维度增强时，企业文化的发展导向维度会增强，即变革型领导可能引起较强的发展导向企业文化；二是领导风格的交易维度会影响企业文化经济导向维度，当领导风格的交易维度增强时，企业文化的经济导向维度会增强，即交易型领导可能引发较强的经济导向企业文化（陈维政，忻蓉，王安逸，2004）。林士渊、王重鸣（2006）研究发现：变革型领导模式、创业型领导模式和交易型领导模式在跨国创业不同阶段的作用效能存在显著差异；交易型领导模式的效能在跨国创业的成长阶段相对最大，成熟阶段相对最小；变革型领导模式的效能在跨国创业的成熟阶段相对最大，成长阶段相对最小。杨眉、石林（2006）研究工作压力反应与领导方式之间关系，发现：混合式领导方式（高变革型领导与高交易型领导）下的个体积极压力反应最高，消极压力反应最低，单独式变革型领导和交易型领导下的个体积极压力反应和消极压力反应无显著差异。孙怀平等（2007）通过对87家中国制造企业的实证研究发现，不同企业生命周期阶段，领导风格有着不同的作用：在企业生命周期的创业阶段，变革型领导对内部职业机会、培训和员工参与有显著影响，交易型领导对人力资源管理实践有显著影响；在快速发展阶段，交易型领导对人力资源管理实践有显著影响；在成熟阶段，变革型领导和交易型领导都对人力资源管理实践有显著影响；在衰退阶段，变革型领导对人力资源管理实践有显著影响，交易型领导对内部职业机会、培训和员工参与有显著影响。中国式变革型领导、交易型领导和家长式领导行为都对领导有效性具有预测作用，变革型领导相对于交易型领导和家长式领导而言，对于领导有效性的预测效果更强，而交易型领导和家长式领导对于领导有效性的预测效果孰强孰弱则很难判断（吴敏等，2007a）。

2.1.5 变革型领导与交易型领导作用机制

国外在变革型领导与领导有效性之间关系研究方面已经取得了重大进展，但是，对于变革型领导的作用机制（即变革型领导为什么会影响领导有效性，如何影响领导有效性）的研究还很少。变革型领导理论对领导行为与员工表现之间的中介作用过程的研究仍然处于初期阶段（Shamir，1991）。变革型领导的提出者Bass（1999）在回顾20年来变革型领导理论的研究进展时指出，未来的研究方向之一是研究变革型领导风格的作用机制。

国外已有研究揭示出变革型领导在发挥有效性过程中的调节变量和中介变量。变革型领导会与下属沟通有灵感的愿景、提供智力激发并与下属建立高质量的领导成员交换关系，从而取得项目的成功，技术变革的速度会调节领导在研发为主的组织与操作为主的组织中的差异性（Elkins and Keller，2003）。Shin 和 Zhou（2003）以韩国公司为样本研究并验证了变革型领导行为对员工创造性的促进作用，员工的保守性对二者关系的调节作用，员工的内在动机对变革型领导行为与员工创造性之间关系的部分中介作用和对变革型领导行为与员工保守性的交互作用与员工创造性之间关系的完全中介作用。Wang et al.（2005）研究发现：领导—成员交换在变革型领导对任务绩效及组织公民行为作用机制中起完全中介作用。Piccolo 与 Colquitt（2006）研究揭示了变革型领导对任务绩效和组织公民行为的直接作用，以及经由中介变量：工作因素、内在激励和目标承诺等的间接作用。

国内的学者也在积极探索变革型领导及交易型领导在对结果产生影响过程中的调节变量和中介变量。陈永霞等（2006）研究发现，心理授权在变革型领导与员工组织承诺两者间起完全中介作用。贾良定等（2006）研究出组织信任在变革型领导与员工组织承诺的关系中起中介作用。李秀娟、魏峰（2006）检验领导行为、领导下属交换对领导有效性的影响，发现：领导下属交换在变革型领导引起员工绩效、满意度和组织承诺的增加过程中起着中介作用。孟宪伟（2006）通过理论分析，认为领导-成员交换关系是变革型领导、员工工作绩效和组织公民行为之间关系的中介变量。吴志明、武欣（2006a）研究了高科技组织的知识工作团队中团队领导者的变革型领导行为对团队成员组织公民行为的影响，结果发现：变革型领导行为对团队成员的组织公民行为具有显著的影响；关系导向的变革型领导行为对成员的组织公民行为影响更为强烈；领导—成员交换在变革型领导和团队成员组织公民行为之间起到部分中介作用。吴志明、武欣（2006b）还研究发现：关系导向的变革型领导行为对团队绩效具有显著的影响，变革型领导行为通过团队成员的组织公民行为对团队绩效发生影响，即组织公民行为在变革型领导与团队绩效之间起到中介作用。组织公平感对变革型领导行为影响组织公民权行为有调节作用（王国春，2006）。丁琳和席酉民（2007）研究得出：变革型领导通过授权行为，使下属产生心理授权，进而影响下属组织公民行为。李秀娟、魏峰（2007）将变革型领导作为一种先验的情境因素来研究，发现团队交易型领导方式对组织互动公正与员工承诺之间的关系产生调节作用，即交易型领导越明显的团队中，组织互动公正对员工承诺的影响越大。刘益等（2007）将情商作为调节变量引入领导效果研究的模型，研究发现，高领导者情商同时有助于交易型和变革型领导行为的实施而获得下属的组织承诺，高下属情商有助于员工识别交易型领导实质而指导他们对组织的情感性承诺。孟太生等（2007）的研究结果显示：员工个体的差异与组织公民权行为存在相关关系；变革型领导行为的三个维度（愿景激励、德行垂范、领导魅力）与组织公民权行为（积极主动、组织忠诚、帮助行为）、组织公平（分配公平、互动公平）都具有显著的关系；证实了组织公平对变革型领导行为与组织公民权行为关系的调节作用。吴敏等（2007b）在对中国式变革型领导、交易型领导和家长式领导行为进行比较和研究的基础上，分析了三种领导行为的特性及其在我国企业的表现和适用性，提出并检验了领导行为通过组织公平、信任对员工工作态度和行为产生影响的作用机制，发现变革型领导与组织公平和信任均呈显著的正相关关系，而交易型领导仅与分配公平和互动公平呈正相关关系、与信任没有显著关系，家长式领导与分配公平和互动公平呈正相关关系、与程序公平呈负相关关系、与信任呈负相关关系。吴志明、武欣（2007）研究得出：变革型领导行为通过心理授权这个中介变量对下属的组织公民行为具有显著的影响，心理授权中的意义性和自我效能两个维度在变革型领导与组织公民行为之间起到中介作用。

2.2 组织变革理论述评

2.2.1 组织变革概念及阶段论

组织变革的概念在学术界没有定论，不同的学者都提出了自己的观点。Mosher（1967）认为组织变革是指组织结构有计划的变迁，包括职位的增减、任务的重新安排、现职人员的更迭和预算的增减等。Fried 和 Brown（1974）则认为组织变革是一种促进结构、过程（如人际关系、角色）、人员（如风格、技巧）和技术的变革、发展的方法。Salamon（1981）认为组织变革使企业或事业单位的组织结构或计划在组织中所处地位发生改变。组织变革是一个或一系列去修正一个组织的结构、目标、技术或者工作任务的尝试（Carnall，1986）。Kurt Lewin建议有效的、有计划的变革过程需要经历三个阶段：解冻（即创造变革的需要以减少对变革的抵制）；改变（即改变组织或团队行为、任务、结构及技术等）；再冻结（即强化预期的结果，在有计划的变革中做建设性的调整）。Kotter（1995）描述了组织变革的八个步骤：让人感觉有紧迫感；形成强有力的导向联合；创造愿景；沟通愿景；授权其他人按照愿景行动；计划并创造短期的赢利；

巩固已有的进步并仍然产生进行更多的变革；将新的途径制度化。国内学者余凯成（2001）提出组织变革是组织实现动态平衡的发展阶段，当组织原有的稳定和平衡不能适应形势变化的要求了，就要通过变革来打破它们，目的是建立一种适应新形势下的新的稳定和平衡，把组织的变动性和稳定性有机地结合起来。

2.2.2 组织变革的推行

变革是组织的现实经历，外部环境存在的不确定性，经济、技术的发展以及内部运营的变化促使组织为了适应需要而改变组织设计。组织变革的动力主要来源于：劳动力的性质（文化多元化、专业人员增加、新员工技术不足、农民工增加、人口老龄化、新生代员工）；技术（计算机及自动化程度高、全面质量管理方案、技术革新计划）；经济冲击（债券市场暴跌、利率波动、外币波动、经济危机）；竞争扩大化（全球竞争者、兼并与联合）；社会趋势（受教育程度提高、年轻人婚姻推迟、离婚率上升）等。

组织内的变革需要一种催化剂，变革推动者（Change agents）就是作为催化剂起作用，并承担变革过程管理责任的人（Robbins，2002）。任何领导者都可能成为变革推动者，但是变革推动者也可以不是组织的领导者，如内部的职能专家（直线）或者外部的咨询人员（参谋），他们的技能都可能被用于变革的执行过程。组织内的员工反对变革的原因主要在于：对变革结果的不确定性、对信息的选择性加工、关心个人得失，以及认为变革不是为了组织的最佳利益。组织对变革的抵制原因在于：对已有资源分配的威胁、对已有权力关系的威胁、对现有专业知识的威胁、群体惯性、结构惯性、有限的变革点等。

无论改革结果如何，组织变革已经成了中国企业改革过程中最引人注目的方面（Broadman，1999）。在西方国家，组织变革的概念和技巧在提升组织能力和效率方面起着非常重要的作用，这也可以在中国进行验证（Sun，2000）。鉴于组织变革的可行性和重要性，成功推行它的难度已经被争论了 20 年（Burnes，2005）。

2.2.3 组织变革维度划分

Glueck（1969）认为组织变革的维度包括：变革的大小；有无计划性；变革的内容；变革开始的层次；变革的类型。Rafferty 和 Griffin（2006）认为很少有组织变革方面的研究涉及与个人福利显著相关的变革维度，而他们提出了三个独特的变革特征——变革频率、变革的影响效果和变革的计划性。

按照内容对变革的划分基本上有如下几种：结构、技术、人员、组织文化变革（Robbins，2002）。结构变革包括改变组织的复杂性、正规化、集权化程度、职务再设计及其他结构因素。技术变革包括工作过程、所使用的方法和设备的改变等。人员变革则是指员工工作态度、期望、认知和行为的改变。组织文化变革是改变不适宜组织发展的某种特定文化。

国外通常用规模对组织变革分类，规模大小主要从变革的内容、任务、目标、范围等方面区分。如果改革涉及的内容多，任务重，多重利益目标，范围广，即是大规模变革，反之为小规模变革（Samuel and Jacobsen，1997）。按照变革速度可以分为渐进式变革和剧烈式变革，前者力求通过一个渐进的、长期的过程，代表一系列持续的、小幅度的改进；后者通常是对整个组织的变革，力求在很短的时间内，对企业组织进行大幅度的全面调整，以求彻底打破最初组织模式并迅速建立计划将要形成的组织模式。

2.2.4 国内对组织变革的研究

相对国外研究而言，国内对组织变革的研究还相对较少。关于企业组织变革研究的内容看，主要分成这样几类：一类是全面研究组织变革的相关问题，一类是将企业组织变革的某一方面作为研究对象。比如有研究组织变革理论的，有研究变革动阻力的，有研究信息技术与组织变革关系的，有研究组织变革的机制的，有研究组织变革效果评价的，有研究知识管理与组织变革关系的，还有专门研究文化变革、战略变革、组织结构变革、人力资源管理变革等等。就目前的情况看，绝大多数研究者仍以研究组织结构的变革为主。

中国企业面临的更加多变的外部环境和中国社会30年来深刻的变革使国内对组织变革的研究更多地集中于对企业外部环境的分析及外部环境变化可能对企业的组织形态、运作方式和管理模式的影响，即趋势研究。在趋势研究中，赵平、张力军（1999）提出了中国企业管理中的几个变化目标：管理的科学化和制度化、分权化和民主化以及教育化等。隋忠海（2000）从知识经济的角度分析了新型组织的设计原则，包括以顾客为导向、团队合作、信息共享、充分集权和授权、柔性和持续学习等。朱颖俊（2000）则提出了拓扑网络型企业组织的模式。其主要特点是边界模糊，多种多样的协作与外包完全代替了传统企业的诸多职能，外包的范围更大，已经由传统的生活服务、物业管理、仓储运输、部件制造、分销扩展到R&D、整机生产、IT管理，甚至到资产管理和人力资源管理等。吴德贵（2000）也提出了企业组织变革的五大趋势：扁平化、小型化、弹性化、虚拟化和网络化。这些趋势研究多集中在变革的组织结构和技术层面，也就是集中在两个大环境下的企业变革趋势：信息技术和INTERNET的应用，知识经济和全球化。

在对具体变革方式、内容和管理的研究中，王凤彬（1996）对组织变革的目标模式选择、组织变革的过程等问题进行了全面系统的研究。邸杨等（1998）分析了实现企业组织变革平稳过渡的主要障碍及对策，提出了形成共同价值观和危机感、有目的加强沟通和教育、实施合理的冗员安排和再培训计划、建立灵活的组织激励机制、营造新型的企业组织文化、建立学习型组织和选择变更的最佳切入点等建议。齐善鸿等（1999）则从经济学的角度强调了企业的人格化特质，提出了企业变革由物化资本型转向人力资本型，充分认识人力资本的重要性以及企业目标是企业成员间个人目标的契约形式。陈春花等（2002）则对组织变革的驱动机制和抵御因素进行了分析，虽然并没有完全针对中国的企业，但提出的来自组织和个人的抵御因素是需要在实施变革时注意的。李桦（2002）则认为需要一个以理念、远景、战略、技巧、资源、奖励以及组织的完整的企业变革系统。麻兴斌等（2002）对组织变革中矛盾的分析则更有中国企业特点，提出了由部门和个人利益、变革观念、预期以及群体关系的变化所引起的冲突。张剑（2002）提出了有效沟通、员工参与和创造良好氛围的无痛变革原则。林志扬（2003）选择了另一个角度，从治理结构与组织结构互动的角度对组织变革进行分析，并提出了上述两者之间的适应程度决定了组织有效发展程度的观点。王立志和韩福荣（2003）则对变革管理的平衡及动力机制进行了初步分析。而胡宏粱等（2003）认为影响企业变革进程的主要因素是中层管理者，并对中层管理者承担的创意者、传达者、安慰者和协调者角色进行了分析，这些都是具体研究变革过程的开始和尝试。张维迎（2003）则结合2002年诺贝尔经济学奖对管理创新的启示，提出通过远景目标、沟通、危机感和补偿机制形成“双赢”的变革。

在对领导者与组织变革关系的研究中，李慧才、邓小克（2007）总结了五位对变革理论发展有重大作用的学者的研究，如表2-1所示。

表2-1 领导变革的步骤与策略研究总结

要素 研究者	变革过程	领导者扮演的角色	领导者的关键活动
卢因	三个阶段的变革过程	理性分析的变革管理者	增加动力，克服阻力
科特	八个步骤的变革程序	思路清晰的宣传鼓动者	遵循程序，情感驱动
坎特	牵动全局的系统工程	考虑周全的组织联络人	因地制宜，合作制胜
沙因	心理驱动的文化转型	深思熟虑的文化传播者	洞察文化，促进学习
圣吉	组织学习与系统创新	理解生命的基因改良者	系统运作，动态突破

来源：李慧才，邓小克，2007.

2.3 组织创新理论述评

2.3.1 组织创新理论的产生与演变

通常而言，创造（Creativity）是指以独特的方式综合各种思想或在各种思想之间建立起独特的联系的一种能力。能激发创造力的组织，可以不断地开发出做事的新方式以及解决问题的新办法。创新（Innovation）则是指形成一种创造性思想并将其转换为有用的产品、服务或作业方法的过程。富有创新力的组织能够不断地将创造性思想转变为某种有用的结果。能激发创新的组织的必要特征有：在结构上是柔性的，易于得到所需的资源，并进行方便密切的沟通；文化上是宽容的，支持新思想，鼓励追踪环境的变化；人员上是富有创造性的，受过良好的教育，拥有最新的专业知识和高度的工作责任心。

组织创新（Organizational innovation）一直被定义为组织接受一种新的思想或行为（Thompson，1965；Daft and Becker，1978）。创新可以是一种新产品、一项新服务、一个新技术，或是一种新的管理策略。Becker 和 Whisler（1967）认为组织创新是指最先或者早期采用一种思想的组织。Mohr（1969）认为组织创新是指在现有状况下引入新的适用的方法或结果。Van de Ven（1986）提出了一个对创新的范围广泛的定义：发展和实施各种新思想，包括技术、产品、工艺和管理创新。

Damanpour（1991）认为创新的采纳包括新思想或行为的产生、发展和实施，创新是一个新的产品或服务、一个新的生产工艺技术、一个新的组织结构或管理系统，或者是一个新计划或程序。组织创新是在一个团队和组织中或针对一项任务有意导入相对新的、对其和社会有益的想法、过程、产品或工艺。组织创造强调与认知过程有关的新想法的产生及其原创性，体现在应用心理学的研究中，主要以组织为背景来研究员工的创造行为（Woodman et al.，1993）。

由于以往对技术创新的研究主要是用经济学理论在宏观层次上进行分析，即使涉及组织往往也是把组织作为“黑箱”来看待，使得许多学者常常把技术创新和组织创新并列看待，认为组织创新是组织自身为了适应环境的变化而产生的变革。创新既可以是组织的变革，也可以是组织对外界环境变化的反应，或者是组织预先的行动以引导环境的变化（Damanpour，1996）。

2.3.2 组织创新理论之双核心理论

学者们在组织结构与创新研究中也提出了很多不同的观点和理论，比较有影响的是双核心理论（the dual-core theory of innovation）。双核心理论认为组织有管理（administrative）和技术（technical）两个核心。技术核心主要与原材料转化为组织的产品和服务有关，管理核心主要是指组织结构、控制体系和合作机制。大多数新思想源自跨越了组织和技术环境之间界限的组织成员，管理者和基层员工都可能发起创新，这与创新的类型息息相关。不同的创新思想从概念到获得认可和实施经过的是不同的路径。组织可能采用的创新思想来自组织层级的两端：管理创新思想往往产生于层级的顶端并从上往下流动、技术（产品）创新更多地来自层级的底层并自下而上交流，最终形成了管理和技术两个核心。如此由上而下和由下而上的创新思想汇总，形成了组织的创新流。位于管理和技术核心的组织成员在创新过程中扮演不同的角色，每一个群体都会发动他们组织任务范围内的创新；当创新及其采纳是在技术核心群内的时候，就需要获得对技术核心有高度专业知识和技能的员工，并使他们致力于创新。只要这些员工真正了解创新中的问题，他们应该有充分的创新自由（Daft，1978）。

高的决策集权程度和高的管理正规化水平有利于从上至下的管理创新过程，即机械的组织结构有利于管理创新。另一方面，当组织的产品、服务和技术变化是必要的时候则需要灵活的组织结构。高的专业技能、低的集权程度和低的正规化水平有利于从下至上的技术创新过程。Daft（1978）的双核心理论主张适应创新的组织结构既可能是机械的也可能是有机的，最终采用何种结构则取决于创新的类型。

根据 Damanpour（1991）对组织创新理论的归纳发现，大多数学者认同并采用了将创新分为管理创新与技术创新的双核心模式观点，而且这两类创新对绩效的影响关系也被许多学者进行了验证。Trist（1981）建议企业如果同时并且平等地采用管理创新和技术创新，将有助于维持公司内技术系统与社会结构间的平衡。Damanpour，Szabat 和 Evan（1989）发现若银行要提供一项新的服务（技术创新），通常也需要一组新的管理机制（管理创新）去评估和控制其绩效，然而并不是每一种技术创新均会导致管理创新。

2.3.3 组织创新的分类

Damanpour（1991）系统归纳出最具影响力的三种组织创新分类方式：管理创新和技术创新；产品创新和过程创新；激进式创新和渐进式创新。

（1）管理创新和技术创新

从组织层次来分析创新，创新不仅局限于组织本身的变革，而且还包括产生、发展于组织中并最终对组织产生影响的一切新思想和新行为，当然也不能忽略对组织的竞争力产生根本性作用的技术创新。管理创新与组织管理有直接关系，包括组织结构和管理构成的创新；技术创新与基础的工作活动技术有直接关系，包括产品、服务和生产过程技术的创新（Damanpour，1991）。国外被大多数研究者接受的两个维度是管理创新与技术创新的划分（Daft，1978；Kimberly，1981；Damanpour，1984，1991，1996）。

已有的大多数组织创新的研究都只偏重技术创新领域，对管理创新和技术创新的划分有助于了解组织的社会结构及技术（Evan，1966）、确定管理创新和技术创新在推动组织创新过程中重要的协同作用 Daft（1978）、达到从整个组织结构层次上把握组织创新的目的（Li，2005）。

在研究中将组织创新分为技术创新和管理创新是最基本的区分，因为：这种分类能够揭示创新的本质区别；这两种创新类型综合就能够代表组织内一系列任务中引起的变革（Damanpour，1987）。

技术创新是指通过在技术方面引入变革而带来的组织的变化。技术创新中的技术内涵包括制造技术、服务技术、信息技术等，它们与组织创造价值的基本活动有关，既与产品有关又与工艺过程有关。技术创新产生于采用新工具、新技术、新设备或新系统。它们在产品或服务方面产生变化，或者在生产产品及提供服务的方式上有所变化。

管理创新是指组织结构或者组织管理过程发生的变化。它们与组织的基本运转仅仅间接相关，与管理直接相关（Kimberly and Evanisko，1981）。如目标管理、零预算、工作轮换、工作再设计、员工激励、弹性工作制等都是属于管理创新。

管理创新和技术创新不仅影响组织绩效的不同方面，而且也会互相影响。技术创新可能导致管理创新，而且两者的结合使用有助于维持公司内技术系统与社会结构系统间的平衡（Trist，1981），并导致更高的组织绩效。

（2）产品创新和过程创新

产品创新是指产生新的产品或服务来应对市场的需求，关注于创新结果的研究；过程创新是指在组织的生产或服务操作体系中引入新的因素，如输入材料、工作的具体化、工作和信息的流通机制和用于生产或服务的设备（Damanpour，1991）。因为过程创新是一个充满机会主义的、顾客定向的、非直线的交互发展过程（Quinn，1985），并且由于过程创新与创新成果的直接关联性小、难以观察、执行起来也比较困难（Damanpour，1996），使得研究的焦点更多的集中于产品创新，所以，组织会更多关注产品创新而非过程创新（Myers and Marquis，1969）。

（3）激进式创新和渐进式创新

Knight（1967）最先提出激进式创新的概念，他指出：激进式的变革会对组织提出很多不同的要求。William 和 Lloyd（1974）进一步指出从激进式创新和渐进式创新层面能更好地了解创新程度对组织的作用。石春生和梁洪松（2006）阐述了两种创新的定义：激进式创新是一种快速的、根本性的变化，对现有系统冲击力大，创新程度很大，一般都在较短的时间内完成；渐进式创新是一种缓慢的、改进性的变化，以改进、完善现有系统为主要目标，一般都在一个相当长的时间里，通常只对一两个组织构成要素进行调整，其变革的过程比较稳定，冲击力小。

现有文献对激进式创新和渐进式创新的研究不多，在这种分类上对创新的命名也有差异，包括：程序性创新和激进式创新之分；根本性创新和工具性创新之分（Damanpour，1991）。这种形式的分类对组织创新战略的选择具有指导意义，有助于组织在不同阶段或战略节点选择不同的方式来开展创新活动。

2.3.4 促进组织创新的因素

在组织创新促进因素的研究中，早期的观点主要有“单因素”理论、“双因素”理论、“三因素”理论，以及“多因素”理论。Kimberly 和 Evanisko（1981）以及 Koberg 等（2003）将促进组织创新的因素概括为：① 个人或领导者特性——倾向变革的心态；② 内在的组织结构特性——集权化和复杂度等；③ 外在的组织特性——组织制度的开放性。

Burns 与 Stalker（1961）将组织结构视为“有机式”与“机械式”两个极端之间的连续带。之后的研究者主要集中探讨了究竟哪种组织结构更有利于组织创新；组织气氛与文化，创新性气氛已经在美国和欧洲得到了广泛的研究，代表性的理论有美国哈佛大学 Amabile 教授和英国谢菲尔德学派（Sheffield School）的结果。Morgan（1986）也认为，有效的组织创新就意味着组织内文化的改变。Wolfe（1994）的研究指出，影响组织创新的影响因素可以分为三大类：组织成员、组织结构、气氛与文化。组织成员，即对组织创新的研究始于对组织内人员的个体创造力的研究，随后的研究焦点集中在组织内的领导者和其领导行为，近年来又扩大到其他具有非权力性影响力的个人；组织结构是工作角色的正式分配以及控制整个组织工作活动的管理机制的总和（Child，1977）；组织创新性气氛的研究以美国哈佛大学教授 Amabile 和英国谢菲尔德学派 West 为代表（Amabile，1988；West，1990），组织创新性的气氛实际上就是组织呈现出倡导创新的文化。

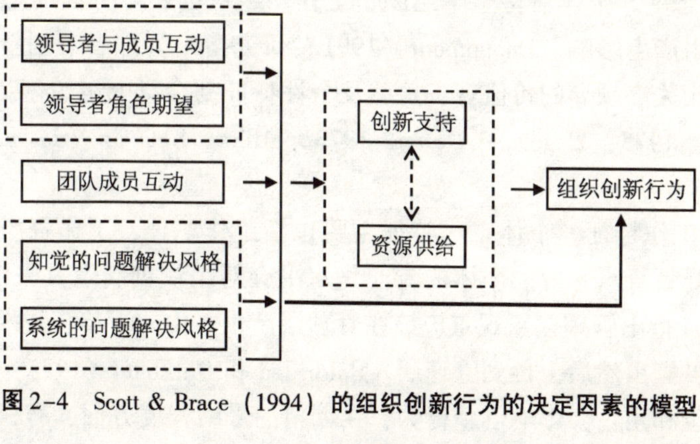

图2-4 Scott & Brace（1994）的组织创新行为的决定因素的模型

Scott 与 Brace（1994）提出了一套解释组织创新行为的决定因素的模型（见图2-4），主要包括：领导（领导者与成员互动、领导者角色期望）、个人属性

(知觉、系统的问题解决风格)、工作团队与创新的心理气氛(创新支持、资源供给)。

在 Higgins(1995)提出的创新方程式中，认为个人创造力与组织气氛是影响创新的重要因素。King 与 Anderson(1995)认为组织创新的影响因素可以分为：领导(leader)、结构(structure)、气氛与文化(climate and culture)以及环境(environment)。他们还强调创新组织的建立，必须落实于三个层次中：个人、团队和组织，并提出创新组织的分析层次与构成成分，包括组织的结构、个人扮演的角色、员工的训练发展、团队工作的建立、人员参与到创新的程度以及组织本身如何去学习及分享知识等。King 和 Anderson 在其著作《Innovation and Change in Organization》中也总结到，关于组织创新的主要影响因素有：领导风格、群体结构、群体构成和群体氛围。Armenakis(1999)等认为诸如文化、组织结构、人才、信息技术等资源都有可能影响到组织创新。花建锋和赵黎明(2003)在总结影响创新的各种因素的基础上，提出了这些因素影响创新的串行模式、并行模式、互动模式和协同模式，并探讨了相应的资源配置方法，以提高资源对创新的贡献水平。

但是，上述研究没有针对不同的创新来源、创新类型进行深入研究。

综合来看，已有研究主要从个体因素、组织因素和环境因素三个层面来分析影响组织创新的因素(杨帆，徐爽，2007)。

(1) 个体因素

① 个体态度。个体对待整个组织、工作、组织创新等方面的态度必然会对组织创新行为产生影响。Damanpour(1991)研究指出管理者对创新的态度与组织创新呈正相关。领导的价值观、角色及个性特征都会影响组织创新(Baldridge and Burnham, 1975; Hage and Dewar, 1973; Miller, Kets de Vries and Toulouse, 1982)。

② 个体工作特征。个体工作特征主要包括工作职位、工作资历、专业化水平、个体的受教育水平等。个体的专业化水平会对组织创新及其采纳产生影响，Evan(1966)指出管理创新观点应该在管理层产生并由此下传，技术创新观点应该由技术人员提出然后上传到管理层。Baldridge 和 Burnham(1975)指出个体在组织中的职位和角色会影响创新行为，在创新的采纳程度方面，有权利、沟通能力强的个体更具有影响力。Daft(1978)在其双核心模型中也指出处于管理层的个体易产生管理创新，而技术层的个体易产生技术创新，说明了个体的专业化水

平对本领域的创新会有更加显著的影响。Kimberly 等（1981）指出个体在组织中的工作任期及其管理者的受教育水平与组织创新的采纳呈正相关。Damanpour（1991）指出管理者的工作任期越长，越有可能为完成工作、获取新创意提供必要的知识等，从而为创新的实施提供了基础条件。

（2）组织因素

组织层次的因素对组织创新的影响是最主要的（Kimberly and Evanisko，1981）。组织层次的影响变量主要有：专业化、差异化、专家化、规模、管理强度、管理负荷等（Damanpour，1987）。综合各个学者的论断，着重分析组织规模、组织结构、组织文化、社会资本、组织学习、市场导向和组织绩效这七个组织因素对组织创新的影响。

① 组织规模。Daft（1978）指出规模大的组织有更多的劳动力用于专业化生产，从而导致更多的员工在专业领域来产生创新。研究表明组织规模对组织创新有影响，但是对组织规模大小与组织创新之间的关系研究却没有定论。大多数学者认为组织规模越大越有利于创新（Kimberly，1981），规模大的组织在承受失败的创新的后果上有优势，而且组织内有更专业的技术人员、技术知识促进创新（Dewar & Dutton，1986）。有一些学者认为规模小的组织因其灵活性强更加利于组织创新（Mintzberg，1979；Nord and Tucker，1987）。Damanpour（1996）通过对相关变量的控制，发现组织规模与组织创新有很大的正相关。

②组织结构。从广义上来看，组织结构主要包括组织功能的多样性、管理的集权化、结构的柔性化/复杂化、职位的专业化等等。许多研究表明组织结构的复杂度与组织创新存在正相关，如 Baldridge 和 Burnham（1975）提到当组织的结构复杂、子部门增加时，组织解决问题的质量就会提高，相应的就能感知到大量的更加独特的问题；另外，激励系统的多样化、工作结构的复杂化也会促进组织创新。Kimberly 等（1981）指出职位的专业化也与技术创新和管理创新成正相关，但中央集权化与技术创新呈负相关而与管理创新呈正相关。Damanpour（1991）在综合了各项研究的基础上指出，组织功能越是多样化，管理的集权度越低，结构越有弹性，职位越是专业化，越有利于组织创新。Damanpour 于 1996 年做的研究则更加详细与深入，他指出组织结构的复杂性与组织创新之间的关系受到更多中介变量的影响，如创新形式和创新阶段的不同、组织性质的不同、环境的不确定性等。

③组织文化。组织文化是指组织在生产经营过程中逐步形成并积淀下来的，

为所有组织成员所认同和遵守的愿景、价值观、经营理念等，以及这些理念在组织制度和员工行为方式上的表现。在这方面，Van de Ven 等（1989）的研究有广泛的影响，他们在文献分析的基础上综合各项研究，提出了与组织文化和组织变革创新相关的各种假设，包括组织类型、组织内部稀缺资源的竞争性、团队凝聚力、信息的流动性等对组织创造性的影响，尽管这些假设没有通过实证检验，但对后续研究有很重要的借鉴价值。刘自新（2002）指出组织文化对于组织创新扮演着双刃剑的角色，一方面会使企业因循守旧，抑制创新，难以抓住机遇，甚至在激烈的市场竞争中走向下坡；另一方面也能不断促进创新，引导企业走向成功。组织文化是管理创新的源泉，组织制度创新、运营机制创新、激励机制创新都需要以组织文化为基础，先进的组织文化能使管理创新切实进行下去，同时它又能随时发现管理中存在的问题，提出新的管理创新的建议（柳振群，2003）。彭杨和钱继钰（2004）也提到通过建立与技术创新相适应的价值观体系可以促进组织创新。

④社会资本。社会资本主要是指一种组织中存在的网络嵌入关系。公司内部，以及公司同其他组织的联系，包括供应商、顾客和合作企业的网络，对组织创新有重要影响（Joe Tidd，1995）。不仅内外部人力资源、信息及合作制度等资源促进了组织创新的发展，而且内外部网络关系作为一种重要的机制培育了创新环境并积极推动了创新，对公司创新的成功具有重要影响。谢洪明等（2007）证实了内部社会资本对组织知识能量的蕴蓄有正向的影响；内部社会资本对组织创新有正向的影响；知识能量影响组织创新并进而影响组织的绩效；将组织创新划分为管理创新和技术创新进行研究，技术创新对管理创新有显著的正向影响，技术创新和管理创新二者都对组织绩效有直接正向的影响。

⑤组织学习。组织学习是指组织为了实现发展目标、提高竞争力而围绕知识和信息采取的行动，并不断努力改变自身以适应外部环境的变化。知识和信息是组织创新的基础，组织创新离不开大量知识及信息的支持，学习的文化或支持组织成员学习的氛围有助于帮助其成员获得和使用内外部的信息，提升成员的创造性。组织学习的不同程度、不同形式会导致不同的创新程度和创新形式，而且会影响创新从初始阶段到执行阶段的全过程（林义屏，2001）。石春生、辛冲（2007）研究结果表明，学习导向型组织创新与技术创新之间存在显著正向且直接的关联关系。朱瑜等（2007）研究发现，组织学习中的学习承诺、共同愿景和开放心智对管理创新具有显著的正面影响，开放心智对技术创新也具有显著的正

面影响，组织创新在组织学习与核心能力关系中具有积极的中介作用。知识惯性通过组织学习的中介作用对组织创新有影响（Liao et al.，2008）。谢洪明等（2008）研究结果表明，组织学习对组织技术创新和管理创新都有显著的直接影响，而且技术创新对管理创新也有直接的正向影响。

⑥市场导向。市场导向本质上涉及对市场情况做出某些不同或新的回应，基本上可视为一种创新性行为（Jaworski et al.，1993）。创新的成功大多源自市场导向，而且市场导向能加强创新作为一种"核心价值创造的能力"。但大量研究文献在构建市场导向的模型时并没有直接引入创新因素，这促使我们认为：市场导向是进行创新的必要因素，但不是充分的促进要素；以市场为导向是组织思想变化和改进的一个来源，而以学习为方向则体现了对新思想的正面评价与认同，以及吸收新思想的渴望和行动。

⑦组织绩效。组织创新最重要的目标就是提高组织绩效，众多研究表明，当组织绩效低下时会促进组织创新的进行，同时组织创新的成功进行会提高组织绩效。Damanpour 和 Evan（1984）的研究关注于管理创新与技术创新的相互关系及两种不同性质创新的采纳率对组织创新绩效的影响，指出与低绩效组织相比较，在高绩效组织中，管理创新和技术创新存在更高的相关度。另外，研究还发现组织管理创新和技术创新采纳率的差异度与组织绩效呈负相关，即组织绩效越高的企业，管理创新和技术创新的采纳率越接近。组织创新可以提高组织绩效已经毋庸置疑，反之，还有研究发现低绩效的组织会促进组织创新的采纳和进行。Michele Kremen Bolton（1993）就希望通过研究美国的74所高新技术企业得到组织创新与组织绩效的关系，最终发现低于标准绩效的组织更愿意进行创新或较早地采纳创新建议。Victor（2006）提到组织创新越是有价值、越是不可模仿、越是稀缺便会得到越高的组织绩效。谢洪明等（2006）通过实证研究证实了知识整合可以通过技术创新来提升组织绩效，也可以通过管理创新来提升组织绩效，知识整合提升组织绩效的另外一条路径是知识整合→技术创新→管理创新→组织绩效。简兆权（2008）研究结果表明：吸收能力对组织创新没有显著的直接正向影响；知识整合对组织创新有显著的直接正向影响；组织创新对组织绩效有显著的直接正向影响。

（3）环境因素

已有的对环境因素与组织创新的关系研究并不是很多，但是组织的外部环境作为孕育组织及其生存发展的空间对组织有着不容忽视的影响，必然也会对组织创新产生导向作用。

①环境变动。环境变动包括组织面临的市场变动和技术变动，而创新就是应对技术和市场挑战的一种关键途径。Baldrige 和 Burnham（1975）指出组织在向环境索取的同时，环境也在不断地向组织提出要求，组织中与日俱增的环境不确定性、多样性和资源的稀缺性都要求组织进行创新来适应新的变化。Damanpour（1991）还指出了组织与外部环境交流的重要性，组织对环境的洞察力和成员在组织内外的专业活动可以给组织带来创新的思想观点，同时创新型的组织能与环境更有效地交流信息。环境因素是组织创新的驱动力并对创新绩效有显著影响（Damanpour and Gopalakrishnan，1998），在创新发展的过程中，从对创新内涵的理解、创新目标的树立到创新思想的提出都离不开环境的变化。Victor 等（2006）的研究发现组织外部环境的变化与组织创新呈正相关，因为环境的快速变化会要求组织有新的服务和产品的出现来保持竞争性，以此促进组织创新的进行。

②市场竞争。面对激烈的市场竞争，企业必须持续创新才能获得生存和发展。而市场竞争越激烈，企业越倾向于采用新科技，重构高效组织以建立竞争优势。新产品的开发、组织结构和运营系统等的变革都是为了持续提供高品质的商品和客户服务，最终目的是争夺顾客和满足市场需求（Freeman，1982）。Kimberly（1981）的研究除了肯定竞争的重要性外，还特别研究了组织所处的城市规模与组织创新的关系，得出结论：城市越大，竞争越多，越有利于创新。

③信息技术。信息技术为组织创新提供了机会，并大大提升了组织的灵活性和创新能力（Boonstra and Vink，1996）。在社会信息系统里，对组织创新的障碍存在于：固化的劳动分工和无效的团队合作；扼制人们变革思想与能力的标准和价值观；严密的组织管理；贫乏的领导和上下级沟通；欠缺的管理技能；不合理的权力配置；线性的、正式的创新决策过程。成功的创新需要一个过程：先分析市场需求和组织问题然后设计信息系统、交易过程，形成由自我设计团队构成的工作组，并致力于技术与管理变革过程。

总之，引发组织创新的因素不仅包括个体因素、组织因素，还包括环境因素，而且各因素之间也存在一定的联合作用，如图 2-5 所示。

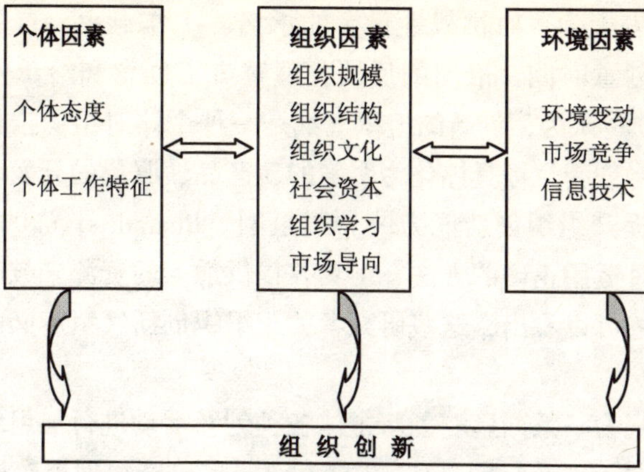

图 2-5 组织创新影响因素模型

2.4 组织创新气氛理论述评

2.4.1 组织创新气氛概念

关于组织创新气氛（Organizational Climates for Innovation）的概念，众多学者提出了不同的见解。大多数研究者都认为，组织创新气氛就是组织成员对组织创新环境特征的整体知觉。Litwin（1968）认为，就广义的组织气氛而言，它是指在特定情境中，组织成员对环境的知觉。在组织中，员工主要是对这种环境的认知/知觉进行反应而非对环境本身。West（1989）认为，团队创新气氛是团队成员对影响其创新能力发挥的工作环境的认知。James 等（1990）指出，在员工个体层次，组织创新气氛是一种关于组织创新境遇的认知性解释，所以也被认为是一种"心理气氛"。Amabile（1993）提出，创新气氛是成员描述组织是否具有对创新环境的主观体验。Scott 等（1994）提出，创新气氛代表着一种个体接收到的信号，这种信号表达着组织对创新相关活动的期望信息，它意味着创造、创新活动可以利用的资源和手段。如果组织气氛显示组织是支持创新的，那它会激励和促进组织成员对创新的投入，进而对组织创新能力和创新绩效的提升产生作用。

也有研究者从环境特性、方法、流程和行为方面来定义组织创新气氛。Amabile 等人（1996）认为，组织创新气氛存在于具有创造性和革新性的组织。

这样的组织具体表现为：对挑战性目标的承诺，工作自由，自主性强，鼓励创意，保证充分的创意时间，恰当的反馈，理解员工创意和给予创造性工作回报等。Tesluk（1997）认为，创新的组织气氛是一种个体对组织推行政策、流程和实践的认知，并将创新目标具体化为明确的新产品、服务的开发和创意、流程再造以及从整体上提升组织创新能力的环境氛围。Bharadwaj（2000）认为，组织创新气氛就是通过运用正确的方法、工具并提供适当的资源来鼓励组织成员勇于创新。从以上描述可以看出，这些研究者关于组织创新气氛定义的内涵具有较大的相似性。

创新气氛被视为一系列影响创新主体各种创新活动进行与组织创新性表现的环境因素。它不同于创造氛围（Climates for Creativity），创造氛围可被视为一系列影响创造主体各种创造活动进行及其创造性表现的外在环境因素。陈威豪（2006）指出，创造氛围与创新气氛主要有两点不同：①含义不同：创造氛围的含义范围大于创新氛围；②涉及范围不同，创造氛围研究多建立在单一或群体创造主体对特定环境的整体知觉上，分为个体、团体、组织三个层次；而创新氛围研究逻辑上虽也涉及此三层次，但实际上却更多地关注于团体与组织层面，特别是组织层面。

综合以上论述，我们认为：组织创新气氛是一种存在于组织内部，能够被组织成员体验到的与组织生产、管理行为等相关的主观环境认知，并将组织创新目标具体化为全面提升组织创新能力的环境氛围。它是组织成员对组织环境是否具有创新特性的主观知觉与描述，这种知觉会影响个体的态度、信念、动机、价值观和创新行为，最终影响到整个组织的创新能力与创新绩效。

2.4.2 组织创新气氛测量

组织创新气氛是研究组织创新的开端，从20世纪70年代起就引起了许多学者的关注，研究重点一直是如何测量组织中的创新气氛。目前测量组织或团队创新气氛的主要量表有：Insel和Moos（1975）编制的The Work Environment Scale（简称WES）；Siegel和Kaemmerer（1978）编制的The Siegel Scale of Support of Innovation；荷兰学者Van de Ven和Fery（1980）年制订的Organization Assessment Instrument（简称OAI）；瑞典心理学家Ekvall（1983）编制的Creative Climate Questionnaire（简称CCQ）以及提出创新方程式的Higgins（1995）联合麦肯锡咨询顾问公司编制出的Innovation Quotient Inventory（简称IQI）。

随着时间的推移，这些测量工具由原先着重教育环境的测量发展到教育与商业工作环境并重，再到着重团体和组织层次的测量，空间上也由原先的欧美环境延伸到全球环境。其中应用最广泛的是美国哈佛大学教授 Teresa Amabile 编制的评价组织内创新气氛（Assessing the climate for creativity）的 KEYS 量表，以及英国 Michael West 编制的团队创新气氛（Team Climate Inventory，简称 TCI）量表。KEYS 和 TCI 各自所包含的测量内容如图 2-6 所示。本研究采用的量表主要借鉴了 Michael West 于 1994 年编制的团队创新气氛量表。

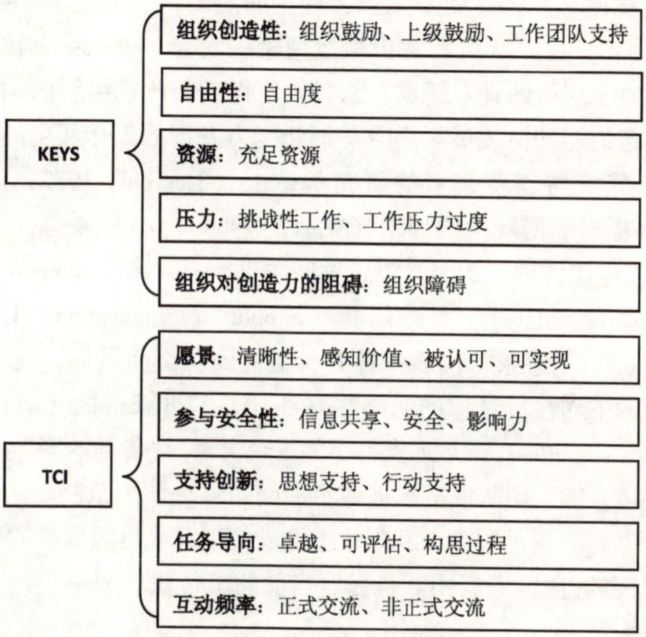

图 2-6　KEYS 和 TCI 测量内容

Amabile 教授于 1987 年承担了美国教育部的关于创新研究的课题，从而开始从事这一领域的研究。她的最大突破就在于延伸过去只从个人观点探讨对创造力所建立的模式，重新加入对工作环境的评价。Amabile（1988）认为创新气氛是指成员描述组织是否具有创新环境的主观体验，也就是组织内部成员对于组织正式系统、管理者的作风及其他重要环境因素产生主观知觉后，形成的成员本身的态度、信念、价值观和动机，进而影响其创新行为。她和 Woodman、Sawyer 与 Griffin（1993）通过调研，提出影响组织创造性行为的两类因素。包括：① 团队特质（group characteristics），指的是团队的形式、任务特质、凝聚力、多元性、解决问题的运作方式等。② 组织特质（organizational characteristics），指的是组织文化、资源、薪酬激励系统、策略结构和技术焦点等。Amabile（1996）制订出了评价组织内创新气氛的KEYS量表。该量表的研制一共持续了3年，样本为美国的来自21种不同产业的2796家公司的12525名员工。经检验，该量表具有良好的信度和效度，包含了三大因素：组织对创新的激励（motivation to innovate）、工作中的资源（resources in the task domain）和创新性管理的技能或方案（skills in innovation management）。

West是英国谢菲尔德学派团队创新理论的主要代表人物。West（1989）将“创新”界定为：“在团队里有意识地运用某些观点、过程或方法，这些观点、过程或方法相对于现行的具有新意，能有效地提高团队或组织的绩效。”他将团队创新气氛界定为“团队成员对影响其创新能力发挥的工作环境的认知”，并在总结前人关于气氛与创新关系的研究基础上（Tjosvold，1982；Rogers，1983；Draft，1986），提出了创新气氛理论（West，1990）。TCI主要基于West（1990）4个可以预测工作团体创新的因素模式发展而成，包含愿景（Vision）、参与的安全感（Participative Safety）、支持创新（Support for Innovation）以及任务导向（Task Orientation）。“愿景”代表一种有价值的团队奋斗目标，这个目标能激发团队成员工作的主动性。目标的明确性（clarity）、可获得性（attainability）、团队成员的共享（sharedness）是远景目标的三个要素。“参与的安全感”强调一种宽松的合作环境，能让团队成员积极地参加问题解决和决策制定的过程；“支持创新”指对创新行为提供制度上和形式上的支持以及成员间提供的思想上和行为上的支持；“任务导向”考察团队是否以当前的工作任务为中心，以追求更好的团队绩效为目标。

理论构架完成后，West开始致力于设计团队创新气氛的测量量表，验证其团队创新理论。1992年，West通过借鉴已有量表，设计了包含61个条目的TCI初始量表。通过多次测试，1994年West将初始量表修订为包含38个条目的TCI正式量表。其中，愿景包括明晰性、认识到的价值观、共享性、可实现性四个要素，共11条；参与的安全感包括信息共享、安全性、影响力、互动频率四个要素，共12条；支持创新包括清晰支持、法定支持两个要素，共8条；任务导向包括卓越、构思能力、评价三个要素，共7条。

TCI是一种项目最少的创新氛围测量工具，并多应用于欧洲地区。TCI量表在瑞典（1994）、美国（1997）、挪威（1997－2002）、德国（2000）、韩国

(2001)、意大利（2001)、葡萄牙（2001）等国家得到了修订和运用。其中，在挪威（1999）的实证研究中，团队创新气氛抽取了四个因子，保留了14个条目，构成了条目最少的TCI量表。绝大多数研究表明量表具有良好的信度和效度，因素结构多为四因子解，但在英国、挪威和意大利等国的修订中发现工作复杂程度较高时，互动频率从参与保障中分离出来，形成五因子解。TCI的编制过程以及在各个国家的应用和不断完善，说明TCI在测量西方国家团队创新气氛结构方面具有良好的效力。虽然TCI并非最早的量表，但却已是翻译语种最多的工具，这显示了从团体层次对工作氛围的研究受到越来越多的关注。King 和 Anderson（2002）指出，作为团队创新气氛的测量工具，TCI的优势主要在于其牢固的方法基础。首先，是彻底研究和检验过的理论；第二，在不同领域中的应用也说明了其有效和可靠。

关于TCI的研究是一个连续的过程，从它的最初编制到之后各个国家研究者的积极修订，应当说，在创新气氛的衡量方面，该量表的确具有一定效力。诸多的研究者们对TCI的研究，也表明该量表具有一定的跨文化意义，尤其是韩国学者的研究，至少说明TCI在东方文化中也同样具有一定的适用性（凌建勋，2003)。但是由于文化背景对团队创新气氛有非常大的影响，中国文化与西方国家的文化、韩国文化都有一定的差异，所以，TCI量表在中国的适用性有待考察。

2.4.3 组织创新与组织创新气氛

一般来说，影响组织创新绩效的因素可以分为组织变量、个人变量和环境变量三部分，而组织创新气氛则是组织环境中影响变量的重要组成部分。Tidd, Bessant 和 Pavitt（1997）通过对50多个创新型组织的研究，分析出创新型组织的特性，他认为创新型组织不仅仅是指一种结构，更重要的是它构建了创造与强化创新环境的要素。这些创新组织的特性包括：愿景、领导的创新意愿、适合的组织结构、关键人物、持续关注个人发展、多方面沟通、客户焦点、有效的团队工作、高投入的创新、具有创造力的文化和学习型组织等。Woodman, Sawyer 和 Griffin（1993）认为环境因素会影响组织创造绩效。欧洲创新研究中心的研究也表明，组织创新气氛与许多组织感兴趣的结果变量都有着密切关系，其中，部分因素能有效地预测创新绩效。企业为了促进创新活动的绩效，应培养有利于创新的组织环境，建立一套与之相适应的管理制度以支持创新活动（Kanter, 1985）。

学者们已经鉴别出了创造和创新的前因变量，包括：愿景、参与的安全感、追求卓越的氛围、支持创新的标准、操作的自由性、良好的项目管理、激励、组织资源、重视、时机、挑战和压力（Amabile，1988；West，1990）。Bernacki（2001）指出组织创新气氛是趋向组织创新的第一站。目前，在探讨商业工作环境各种支持或阻碍组织创新（包括知识创新、产品创新、技术创新、管理创新、文化创新等）环境内涵上，相关研究多从组织创新氛围着手（陈威豪，2006）。

2.4.4 国内外对组织创新气氛及其影响因素的研究

国外对组织创新气氛的影响因素有多种不同的观点。Abbey（1983）发现，在半导体行业，研发人员通常认为工作气氛和创新过程紧密联系，和谐的工作气氛有利于激发创造性的思考，而思考是创新的重要步骤。领导者可以通过内部结构和行为营造创新气氛，比如，为下属提供多样化的任务、时间压力管理、管理和技术任务匹配、技术合作、工作与组织目标之间的适合（Farris，1988）。Kanter 和 Amabile（1988）发现，创新气氛浓厚的组织通常是创造和创新导向的，支持部门员工独立追求新的思想观念，宽容员工的多样化，有充足的资源供给（如设备、工具和时间）等重要特征。Kozlowski（1989）认为，主管是组织整个管理活动、政策和组织程序的显著代表，下属更倾向于将他们对主管的感知类推于整个组织。West（1989）认为，远景目标、参与的安全感、任务导向和创新支持是影响团队创新性气氛的四个因素。在组织创新气氛的运行机制方面，West（1991）认为，工作氛围对创新过程的积极作用在于人们的积极参与，员工的自治过程也是组织创新氛围的不断培育过程。关于组织情境的实证研究检验了组织因素与创新的直接关系以及组织创新气氛在二者之间的中介作用（Damanpour，1991）。Amabile（1997）认为，组织的管理行为能促进组织创新气氛的形成，主管通过为下属提供项目帮助，开发下属的专长与潜能，提升其内在工作动机等方式对员工创新施加影响。Stetzer（1997）指出，通过接触组织内不同的观点、经验，组织成员会重新审视他们的心理行为模式，并做出适当的调整，因此组织气氛会将员工的注意力和行为朝着创新的方向引导。Tierney（1999）指出，下属对领导行为的整体认知与员工的创新力呈现正相关，领导和下属之间交流的质量也会对创新气氛的形成产生显著影响。领导者通过营造创新气氛来影响创新（Ekvall and Ryhammar，1999）。

国内在组织创新气氛方面的研究已经开始进入。凌建勋（2003）选用了

Michael West 的理论和 TCI 量表作为理论基础和研究工具来研究中国企业内的团队创新问题，修订了适合中国文化的团队创新气氛的调查问卷，包括远景目标、创新支持、任务导向和互动频率。研究发现：员工所知觉到的团队创新气氛显著影响其工作表现；员工所知觉到的团队创新气氛存在性别差异，并受到团队规模的影响。王雁飞、朱瑜（2005，2006）从组织创新气氛的概念内涵、结构与测量、形成过程、作用机制及其与创新绩效的关系等方面对国内外组织创新气氛的研究进行了介绍和综述。刘惠琴、张德（2007）对中国高校学科团队创新气氛结构进行研究，得出与 Michael West 的四维度团队创新气氛结构模型不同的三维结构模型（参与保障、目标认同、创新追求与支持），研究发现参与保障这个维度对中国高校学科团队创新气氛的贡献率最大，这与国外研究中目标认同维度对团队创新气氛的贡献率最大不同，表明中西方不同的文化背景、高校学科团队与企业团队两种不同的团队类型对团队创新气氛的影响程度是有差异的。朱溦（2007）采用 TCI 问卷对团队创新气氛与学习型组织的相关性进行研究，发现团队创新气氛对学习型组织各个构面都起到积极的影响。孙锐等（2007）从讨论组织创新气氛与提升组织创新能力的关系入手，对国际上组织创新气氛的相关研究进行了理论分析和评述，提出了我国组织创新气氛研究的重要意义和研究展望。从现有文献来看，国内对组织创新气氛的研究还处于起步阶段，少数研究者在这方面进行了有益的尝试。

2.5 本章小结

本章对相关的理论与文献进行回顾与述评，奠定本研究的理论基础。在领导行为理论方面，主要阐述领导理论发展史、全范围领导理论，分析了变革型领导与交易型领导的适用情境、有效性及作用机制。在组织变革理论方面，介绍了组织变革的概念及阶段论，描述了组织变革的推行与维度划分，并总结了国内对组织变革的研究。在组织创新理论方面，阐述了组织创新理论的产生与演变以及与管理创新和技术创新相关的双核心理论，归纳了组织创新的分类，并分析总结了促进组织创新的因素。在组织创新气氛理论方面，介绍了组织创新气氛的概念、测量工具的开发等，分析组织创新与组织创新气氛之间的关系，并总结了国内外对组织创新气氛及其影响因素的研究。通过文献综述，可以为本研究找到理论支撑点，并发现以前研究中需要进一步探讨的问题。

3 研究假设的提出

本章主要内容是研究总体构想设计和研究假设的提出。包括：总结以往研究的主要贡献；分析以往研究的不足之处；提出本研究拟探索的方向；提出本研究相关问题的具体假设。

3.1 以往研究的概述

3.1.1 以往研究的主要贡献

（1）组织创新研究的细化

国内外研究集中在以下几个方面：创新及组织创新的内容和研究的层面；创新的作用机制；影响组织创新的因素；组织创新的衡量指标等。客观地分析，国内研究中定量的研究还不是很多，很多学者提出的构念还需要通过实证来验证。从个体、团队、组织、环境等不同层面来看，影响组织创新的因素都不同。随着环境的变化和组织理论的兴起，自20世纪60年代起，对创新的研究开始从宏观层次逐步转向了组织和个人层次。组织类型、创新类型、创新采纳阶段、创新范围等对创新速度的影响都得到了验证（Damanpour，1991；Hage，1999）。

（2）变革型领导与交易型领导领导有效性之间的关系的研究具体化

Bass（1985）认为变革型领导行为激发员工高层次需求并诱导他们为了组织超越个人利益。变革型领导的内涵揭示了变革型领导行为对组织的积极作用。实际上，有很多实证研究的结果证实了变革型领导行为对员工个体也产生积极的结果（Bass et al.，2003）。早期的研究包括元分析（Lowe，Kroeck and Sivasubramaniam，1996；Judge and Piccolo，2004）已经表明变革型领导行为能够增加员工满意度和组织承诺（Podsakoff et al.，1990，1996；Bycio，Hackett and Allen，1995），影响员工对上级的满意度（Podsakoff et al.，1990），增加员工额外努力（Seltzer and Bass，1990），减少员工流动倾向（Bycio et al.，1995），提高组织公民行为（Podsakoff et al.，2000）和整体员工绩效（Yammarino，Spangler and Bass，1993）。在交易型领导方面，领导采用交易性的"论功行赏"行为与下属的承诺、满意度和绩效存在正相关（Hunt and Schuler，1976；Podsakoff et al.，1984；Bycio，Hackett and Allen，1995）。国内也有一些学者验证了变革型领导与交易型领导在中国背景下与员工承诺、满意度、反生产行为、员工绩效、组织承诺、组织公民行为、组织绩效、企业文化等的关系。

（3）组织创新气氛研究的深化

对组织创新气氛的研究已由原先的对概念界定、气氛形成到测量工具的开发，发展到研究组织创新气氛与创新绩效之间的关系。国外开发了一批可用的组织创新气氛测量工具来界定维度结构，包括：Insel 和 Moos（1975）编制的 The Work Environment Scale（简称 WES）；Siegel 和 Kaemmerer（1978）编制的 The Siegel Scale of Support of Innovation；Van de Ven 和 Fery（1980）年制订的 Organization Assessment Instrument（简称 OAI）；Ekvall（1983）编制的 Creative Climate Questionnaire（简称 CCQ）；Higgins（1995）联合麦肯锡咨询顾问公司编制出的 Innovation Quotient Inventory（简称 IQI）；以及应用最广泛的 Amabile 编制的（Assessing the climate for creativity）KEYS 量表和 West 编制的（Team Climate Inventory）（简称 TCI）量表。这些量表中的维度构成中有相似的要素，也有独特的要素。在利用测量工具的基础上，国内外研究者们研究出了与组织创新气氛相关的前因、结果变量以及其作用机制。研究所涵盖的层面较广，有个体层的、团队层的，还有组织层的。

3.1.2 以往研究存在的不足

（1）组织创新研究的不稳定

尽管应用组织理论对组织创新的研究取得了大量的成果，但到目前为止仍然没有一个公认的主流理论体系。有关组织创新的研究非常复杂，不同研究群体的研究成果既十分丰富又十分分散，缺少一种能够整合各种观点的权威理论，呈现出了所谓的研究的不稳定。Damanpour（1987）认为对于组织创新研究的不稳定表现在：① 不能区别不同类型的创新；② 没有将创新采纳视为一个有多种结果的多阶段动态过程；③ 对同样一个变量用不同的测量方法；④ 试图将与某一特定领域的组织有关的研究结果归纳为一般性的创新采纳行为。

Fiol（1996）指出，尽管创新文献很多，实证研究的层次很深、范围也很广，但始终没有形成一个主导性理论，甚至难以发现一个具有一致性的理论。Wolfe（1994）甚至认为从文献中唯一能够找出有一致性的观点是“（各类）文献的研究结果是不一致的”。

组织目前存在的环境，以及与组织互动的方式更有必要探讨。组织环境对于组织创新的影响，目前尚无强有力的实证结果，哪些环境因素有利或不利于组织创新发挥，仍然是悬而未决的问题（King and Anderson，1995）。Hage（1999）指出当前关于组织创新的研究忽略了：因社会复杂劳动力分工引起的组织变革对创新的影响；外资、合资企业等国际性企业对创新的需求不同而产生的影响；组织规模对创新的影响。尽管组织文化/氛围与组织创新/创造力密不可分，但是对组织氛围与组织创新之间关系的研究相对较少（McLean，2005）。

孙锐等（2006）指出：国内理论界尚未注意到微观层次的组织行为因素对企业自主创新的重要影响。尤其是在技术创新研究方面，有关企业内部创新的组织行为因素、管理机制和工作环境等前因变量之间相关关系或因果关系的理论研究非常薄弱。虽然也有研究涉及组织培训、企业文化等人力资源管理相关因素对企业创新的影响，但是相关理论研究和实际案例没有给企业的创新管理实践提供可靠的证据和有效的指导。对创新主体——承担着创新任务和责任的组织员工与团队等微观组织行为层次上的研究欠缺，也限制了我们对创新领域中微观组织过程和内部机制方面的深入理解。管理创新方面的研究尚未形成体系，“头痛医头，脚痛医脚”的管理变革与创新模式只能对特定的组织现有的管理现状进行改变，不能适用于所有的组织，研究结果也难以推行。

总之，对组织创新的研究还不系统，没有综合环境因素、组织因素、个体因素来探讨各因素对组织创新的影响。中国经济转型的大环境引起了组织的变革，变革程度越强越会促进创新的加快，所以需要在研究中考虑到组织变革强度。组织中领导风格对管理的重要性不言而喻，有效或无效的领导风格则会加快或阻碍组织创新行为的出现和进展。组织创新气氛对组织创新的作用在组织成员知觉并融入到这样的支持创新的企业文化中来，而领导正是营造这种氛围的操纵者。领导的作用贯穿于组织创新、变革与创新气氛之中，所以，有必要对领导风格、组织创新、组织创新气氛三者关系进行研究。

（2）领导研究层面单一化

在变革型领导研究的早期，很少有学者关注变革型领导作用的不同层面，大部分研究都是从个体层面来分析变革型领导与领导有效性之间的关系（陈文晶，时勘，2007）。Yammarino（1990）等人指出，领导是一个包含个体、对偶、群体以及集体的多层次现象，若忽略其中任何一个层次将曲解领导。越来越多的研究者开始认识到研究假设所陈述的分析层次与获得数据的层次保持一致性是绝对必要的。领导研究中的层次分析受到重视的另一个原因在于多层分析的方法是检验领导理论模型的边界条件问题的重要方法。一个结构框架完善的理论模型不仅包含了变量与变量之间的关系，而且也还要包含着这个理论被期望的边界。Dubin 将边界定义为一个理论被期待应用的限制条件。很多研究证实，变量之间的关系在某一特定情境下有效，而在另外的情境下就不一定有效。而理论的边界或其领域的限定是在形成理论的过程中常常被研究者忽视的问题。在领导方面的研究中，一些学者，如 Bass（1985，1990）及 Bass 和 Avolio（1990，1993，1994）等将变革型领导理论视为一个无边界的理论，认为它是存在于个体、群体与组织层次上的。但实证的研究结果却各不相同。如 Yammarino 和 Dubinsky 采用多层次分析中的 WABA（Within And Between Analysis）的方法，对个体、管理者—下属对偶、群体（对偶之间）以及跨层次的分析，发现变量之间的预期的关系只有在个体层次上得到，而在高层次（对偶、群体）和跨层次的效应没有得到支持，他们认为这些高层次的效应可能需要重新考虑，并且建议在领导研究，尤其是变革型领导和交易型领导的研究应当加强在概念化、测量和检验过程中的作为边界条件的多层次的分析，以获得对于领导行为的更为全面的认识。

组织创新气氛、组织创新、组织变革等都是组织层次的变量，单个的领导行为会对这些变量产生影响，但并不会起主导作用。而组织中的领导风格就体现为组织中的管理思想，管理思想会渗透到组织发展的过程中，对组织创新气氛、组织创新等会有主导作用。从组织变革情境入手来限定本研究的边界更能体现出研究的针对性与价值。

（3）对变革型领导与交易型领导的研究结果不一致

全范围领导理论历来是领导理论研究的热点，但对于交易型领导和变革型领导的有效性尚缺乏一致的研究结果（时勘，2007）。House 和 Aditya（1997）指出，在领导研究中的一个不足就是在领导概念与测量方面一直过度单纯化，简单的双因素模型并不能充分反应与评价领导行为及潜力相关的一系列因素。

与此同时，变革型领导理论也因为缺乏清晰的概念而不断地受到多方面的批评。比如，变革型领导力与交易型领导力究竟是对立的关系、包容的关系还是累加递进的关系，不同的实证性研究得出完全不同的结论（Bass，1998；Waldman，et a1.，1990）。这两种风格在国内的研究结果也是各异，在组织创新的过程中，孰优孰劣还没有定论。因此，从领导风格的作用机制入手，探讨二者的影响作用大小，能够为选择有效的领导风格提供建议。

（4）组织变革缺乏实证研究

全球市场以激烈的社会、经济、技术变革为特征，变革到处存在并可知觉，创新有利于接受变革的过程（Gopalakrishnan and Damanpour，1997），成功变革与创新的结果对于发展经济、提升组织的高绩效、创造竞争力、提高生活标准和创造更高质量的生活等方面都有积极的作用。组织变革的概念、维度、影响因素及其作用过程都是研究的热点，这些研究都是为了提高组织变革的效果。国内学者在组织变革方面的研究，多数文章局限于定性地描述变革的趋势，也就是关心目标，而不考虑过程与结果，主要问题是缺乏实证研究。很少将有变革型领导行为与组织变革的具体变量联系在一起，可以说，Bass 所谓的"变革"，本义主要是指下属的"道德提升过程"与"价值观内化的过程"，而组织层面的变革并非他所关心的结果变量，至少不是主要方面。对变革与创新的研究也停留在理论描述层面，需要更深入研究组织变革和组织创新的动态关系。

3.1.3 本研究拟探索的方向

（1）从组织背景入手深化对组织创新的研究

如果不对创新产生和实施的组织背景有充分的分析，就不可能对创新有真正的了解。总的来看，组织创新研究很难得到跨越组织类型的普适性结论，因为组织创新的决定因素（如环境、组织结构、组织文化等）在不同的组织类型中有极大的异质性。混淆组织背景就会影响研究结果，因而在进行创新理论的实证性探索时必须要区分不同的组织类型（Damanpour，1991）。

Amabile 等（1996）提出，需要从个人、团队、组织等多个层次来研究组织创新。创新特点不同，创新在其扩散、实施和应用过程中的决定因素也不同。具有适应性和普遍性的创新研究必须清楚地划分创新特征，对研究结果的解释必须包括不同的创新性质（Daft，1978；Kimberly and Evanisko，1981），本研究将组织创新按照内容划分为管理创新和技术创新。由于组织类型对组织创新研究结论适用性的影响（Damanpour，1991），可以采用两种方法来获得跨越组织类型的一般性结论，一种方法是对一系列单个组织类型的研究，另一种方法是将组织类型作为一个因变量加以控制。组织可依据赢利—非赢利、制造—服务、行业、规模或战略等划分为不同类型（朱伟民，2006）。本研究将对组织规模、组织效益、组织性质等组织变量进行控制后再探讨领导风格对组织创新的影响。

（2）领导风格与组织创新关系及其作用机制

本研究将对全范围领导理论在中国的适用性进行研究，并揭示各个维度对组织创新的影响，以及组织创新气氛的中介作用是否存在。Bass（1999）的回顾性评论指出了未来的三个研究方向，其中之一就是在解释变革型领导力如何发挥作用问题上继续探索，即对变革型领导行为如何导致下属行为的改变和组织绩效的提升的问题作出明确回答。借鉴国际已有的方法和经验，结合我国时代变迁的实际，以组织创新气氛为中介，对影响组织创新的领导风格进行实证研究，不仅可以对以西方国家为背景建立的组织创新影响因素理论在我国的适用性和有效性进行验证，也可以对我国企业创新中的独特影响因素进行深入挖掘，促进本土创新研究的扩展和深入，并与相关的国际研究接轨。

（3）在特定的中国组织变革情境下研究领导有效性

Brodbeck 等（2002）、Koopman 等（1999）提出，今后的研究应该在不同的民族文化背景下确定全范围领导理论的有效性。需要对领导风格在不同情境条件下的适用性进行研究，这里的领导情境条件是指民族文化、法律制度、领导者及追随者的性别、科技发展、领导者的层次和组织特征等。大多数新领导理论都是在美国文化背景下诞生的。随着经济全球化不断深入，领导者们在实践中迫切需要解决如何有效领导国际组织、领导跨国公司、领导分布于不同国家的分支机构等问题。这促使研究者们越来越重视新领导理论思想和方法在不同文化中的适用性和跨文化普适性问题（文茂伟，2007）。本研究试图探讨组织变革的情境对领导风格与组织创新的关系是否存在调节作用。

3.2 研究假设的提出

3.2.1 领导风格对组织创新的影响

学者们一直在探索领导风格对组织创新的作用。他们曾经提出了一系列促进创新的领导者角色（Farris，1988），包括：思想产生者、资源提供者、项目领导者、守望者、发起人或指导者等（Roberts and Fusfield，1981）。Farris（1988）提议多些研究来关注技术创新中的领导。组织创新与组织规模、组织结构及领导密切相关（Mohr，1969；Hage and Dewar 1973；Baldridge and Burnham，1975；Kimberly and Evanisko，1981；Damanpour and Evan，1984；Tushman and Romanelli，1985；Bolton，1993）。对大多数人而言，领导的重要性是不言而喻的。组织中，有效的领导提供高质量、更有效的产品和服务，注重组织凝聚力、个人发展、员工对工作的满意度，展示愿景和目标，培育健康的创新机制及共享鼓舞人心的组织文化资源。领导者通过营造创新气氛来影响创新（Ekvall and Ryhammar，1999）。高层管理者的领导风格愈来愈成为组织创造力的重要的决定性因素（Dess and Picken，2000）。高层管理者影响组织创新表现在这些方式上：他们提供与员工相关的目标、问题及解决办法相适应的工作环境（Amabile，1998；Redmond，Mumford and Teach，1993），通过描绘长期愿景，指引员工朝向创新工作过程和结果而努力（Amabile，1996）。组织领导者是影响组织文化的主要源泉（Schein，1992），通过持续的孕育创新的文化就能有效地推进组织创新（Yukl，2001），领导者还可以通过补偿或其他人力资源管理方式来奖励创新绩效，当公司提供内在和外在奖励来鼓励创新活动，员工参与创新的努力就得到强化（Jung，2001；Mumford and Gustafson，1988）。领导风格对提升组织创新能力有重要作用，而且变革型领导风格比交易型领导风格更能促进创新（Garcia-Morales et al，2006）。Lee 和 Chang（2006）研究发现，领导风格（魅力、灵感）与员工的创新能力有着很显著的正相关，尤其是对员工提升技能的管理创新影响远大于产生新方法或技术的研发创新。

变革型领导在很多情况下被验证能够提升下属的创造力和动机。Tichy 与 Ulrich（1984）主张变革型领导的本质在于改变做事的寻常方式。事实上，变革型领导者被描述成运用非传统的策略（Conger and Kanungo，1987），认识到变革的需要，将他自己看作变革推动者，操纵这个转变的过程（Tichy and Devanna，1986），采用试验来鼓励创新并且检验新的产品和程序（Bennis and Nanus，1985），推陈出新（Bass，1985），并使用有动力的人来支持变革（Roberts，1984）。Basu 和 Green（1997）研究发现变革型领导与创新行为呈负相关，这与期望中的结论及大多数理论相反（Bass，1985；Tichy and Ulrich，1984；Tichy and Devanna，1986），解释原因可能是被研究的组织中存在一些干预因素，这种情形下的变革型领导会阻止创新。Bass（1985，1999）认为变革型领导者的一个重要特征就是善于创造一种鼓励创新的组织环境和氛围，能使下属感到自己可以探索和尝试使用新颖的方法去执行特定的任务，而不用担心会受到惩罚，因此，变革型领导会激发员工的创造性和革新精神，进而提高组织的创新水平。Howell 和 Higgins（1990）在研究技术创新优胜者时发现，这些优胜者比他人采用更多的变革型领导行为。Waldman 和 Bass（1991）提出了领导与组织创新过程的模型，变革型领导行为在早期是有必要的，创造愿景和提供智力激发，在后期，项目的效果与领导魅力密切相关。Keller（1992）在对一个包括 400 多专业化人员的研发项目团队的纵向研究中发现，当变革型领导被管理者和员工认同时能有效提升项目质量。从下属发展观来看，变革型领导的智力激发维度特别能够引起下属的创造性，独立思考解决问题的办法，在对解决办法做出决定时还会寻求一系列的意见（Bass，1998）。Sosik，Kahai 和 Avolio（1998）对电子会议环境下的研究支持了变革型领导行为对团队创造性有正向影响的观点。Ozaralli（2003）的研究表明，变革型领导与下属的创新性存在显著正相关，变革型领导者的下属表现出了更高水平的创新精神；另外下属的授权知觉（指个体对组织或管理者的授权行为及措施的知觉与体验）对上述关系具有显著的中介作用。Shin 和 Zhou（2003）以韩国公司为样本研究并验证了变革型领导行为对员工创造性显著正相关，保持性（指一种偏好和谐人际关系的价值观）对这一关系具有调节效应，保持性较高时，变革型领导与下属创造性之间的相关亦更为显著；员工的内在动机对变革型领导行为与员工创造性之间的关系起部分中介作用，对变革型领导行为与员工保持性的交互作用与员工创造性之间的关系起完全中介作用。以上这些研究都是从个体层面研究变革型领导与员工的上下级互动对个体创造性的影响。当我们把变革型领导提升到组织的领导风格，领导团队则能引导更多的组织成员参与到创新中来，因而对组织的管理创新和技术创新有影响。

交易型领导风格与领导有效性的研究也大多侧重于领导对下属个体的影响。以前的研究已经表明领导采用交易性的“论功行赏”行为与下属的承诺、满意度和绩效存在正相关（Hunt and Schuler，1976；Podsakoff et al.，1984；Bycio，Hackett and Allen，1995）。Goodwin，Wofford 和 Whittington（2001）研究得出，交易型领导和组织公民行为存在正相关，显著的交易型领导风格对建立在具体的期望和目标水平上的绩效表现出更多的认同。Goodwin et al. 指出，以认可为基础的交易型领导风格，可以称之为隐含的契约关系。相对于建立在明确的契约关系之上的交易型领导风格，其员工更有可能表现出组织公民行为。权变性奖励也能引起下属的满意度和工作绩效的提升（Reitz，1971；Hunt and Schuler，1976；Sims，

1977; Klimoski and Hayes, 1980; Podsakoff, Tudor and Skov, 1982; Podsakoff and Schriesheim, 1985), 只是在个别情况下也会发现相反的结果 (Yammatino and Bass, 1990)。例外管理一般会对满意度和绩效产生负面的影响, 特别是在领导没有设定标准或采取任何必要的行动之前, 消极地静候问题出现, 负面影响更大 (Yammarino and Bass, 1990; Bass and Yammarino, 1991; Waldman, Atwater and Bass, 1992)。Goodwin 等 (2001) 验证 MLQ 中权变奖励的维度与变革型领导比与交易型领导更有相关性。多数研究表明, 权变奖励与积极的组织结果相关 (Howell and Avolio, 1993; Lowe, Kroeck and Sivasubramaniam, 1996)。例外管理植根于权变强化理论 (Bass, 1990), 下属因为指定的行为被奖励或惩罚。对例外管理的研究表明这些途径既有优势又有劣势 (Bass, 1990; Brownell, 1983; Ricketts and Nelson, 1987), 优势: 包括不需要对所有员工的行为保持警惕, 仅在意外发生时; 产生比较少的决策; 改进服务和生产力。组织中的交易型领导风格会侧重任务导向, 会把创新任务层层下放, 员工尽管不是自愿创新, 也能达到创新的目的, 也会积极影响管理创新和技术创新。

对放任型领导的实证研究非常少, 因为这个概念本身就被定位为逃避领导责任和放任自流, 所以这种领导方式的效果也基本上是显而易见的, 不会产生好的领导效果, 它总是与领导有效性呈现负相关 (Lowe and Kroeck, 1996)。根据全领导理论, 组织中的领导者虽然倾向于变革型领导与交易型领导, 但是他们偶尔也会表现出放任型领导的特征。所以, 有必要对放任型领导与管理创新和技术创新的关系探讨。相比前两种有效的领导风格, 放任型领导对管理创新和技术创新则会有负向影响。

国内对领导风格与组织创新的研究也有一些进展。芮明杰和吕毓芳 (2005) 研究领导行为、组织学习与组织创新之间关系, 将组织创新区分为管理创新和技术创新, 研究发现: 领导行为 (内部领导、经营导向、授权导向) 对组织学习与组织创新均有正向的影响关系, 且不论是管理创新或是技术创新都同样有正向的影响, 虽然在直接效果方面, 领导行为对技术创新的影响效果大于对管理创新的影响效果, 然而若再加上通过组织学习的间接效果之影响, 在总效果方面, 领导行为对管理创新的影响效果则大于对技术创新的影响效果。此外, 领导行为不仅对组织创新有直接的影响, 且会通过组织学习对组织创新产生间接的影响效果, 而间接效果则大于直接效果。本研究也是研究组织中的领导对管理创新和技术创新的影响, 所不同的是从不同的领导风格入手, 研究的中介变量也不同。基于以上理论和分析，提出以下假设：

H1-1：变革型领导对管理创新有正向影响；

H1-2：变革型领导对技术创新有正向影响；

H1-3：交易型领导对管理创新有正向影响；

H1-4：交易型领导对技术创新有正向影响；

H1-5：放任型领导对管理创新有负向影响；

H1-6：放任型领导对技术创新有负向影响。

3.2.2 领导风格对组织创新气氛的影响

对于领导在组织创新气氛中扮演什么角色这个问题受到学者的关注。领导在创新中扮演关键角色，并创造有利于提升创新能力的氛围（Van de Ven，1986）。领导者可以通过组织机构和行为营造创新气氛，比如，为下属提供多样化的任务、时间压力、管理和技术任务、技术合作、工作与组织目标之间的匹配等（Farris，1988）。Ekvall 和 Ryhammar（1999）提出：领导者通过营造创新气氛来影响创新。相关的实证研究也表明，魅力型领导行为、变革型领导行为对团队的工作氛围和组织成员对工作氛围的感知均有明显的影响（Koene，Vogelaar and Soeters，2002）。Dackert 等（2004）以 TCI 作为测量组织创新气氛的工具，研究发现以员工和变革为导向领导行为与组织创新气氛正相关。

变革型领导作为一种前瞻性的领导风格，会洞察到组织创新的需求，并积极创造有利于组织创新的组织氛围，所以，变革型领导对组织创新气氛有正向影响。交易型领导在以实现创新目标为导向的情形下，也会以奖励为手段，引导员工对创新目标的认知并参与到创新中，从而强化组织创新气氛。可以认为，交易型领导对组织创新气氛有正向影响。放任型领导对组织目标的漠视、对员工行为的不闻不问，不利于组织创新气氛的营造，由此断定，放任型领导对组织创新气氛有负向影响。

基于以上理论和分析，提出以下假设：

H2-1：变革型领导对组织创新气氛有正向影响；

H2-2：交易型领导对组织创新气氛有正向影响；

H2-3：放任型领导对组织创新气氛有负向影响。

3.2.3 组织创新气氛对组织创新的影响

欧洲创新研究中心的研究表明，组织创新气氛与许多组织感兴趣的结果变量都有着密切关系，部分因素能有效地预测创新绩效。企业为了促进创造活动绩效，应培养有利于创新的组织环境，建立一套与之相适应的管理制度以支持创新活动（Kanter，1985）。学者们已经鉴别出了创新的前因变量，包括：愿景、参与的安全感、追求卓越的氛围、支持创新的标准、操作的自由性、良好的项目管理、有效的激励、充足的组织资源、组织的重视、恰当的时机、挑战和压力（Amabile，1988；West，1990）。Woodman，Sawyer 和 Griffin（1993）认为环境因素会影响组织创造绩效。Scott 和 Bruce（1994）提出，组织气氛对创新而言是很重要的因素，组织中鼓励创新并为创新提供资源的氛围，会提高个体的创造力，从而有利于整个组织的创新。Tidd，Bessant 和 Pavitt（1997）揭示创新型组织构建了创造与强化创新环境的要素，创新型组织的特性包括：愿景、领导与创新意愿、适合的结构、关键人物、持续关注个人发展、多方面沟通、客户焦点、有效的团队工作、高投入的创新、具有创造力的文化和学习型组织。组织创新气氛是组织创新开始的第一站（Bernacki，2001）。陈威豪（2006）指出，在探讨商业工作环境各种支持或阻碍组织创新（包括知识创新、产品创新、技术创新、管理创新、文化创新等）环境内涵上，相关研究多从组织创新氛围着手。

组织创新气氛在组织内部为管理创新、技术创新提供环境支持，并形成一股推动力，促进创新行为的产生，巩固创新成果。从员工的角度来看，在组织创新气氛的熏陶下，员工更容易理解管理、技术方面具体的创新内容、阶段等。

基于以上理论和分析，提出以下假设：

H3-1：组织创新气氛对管理创新有正向影响。

H3-2：组织创新气氛对技术创新有正向影响。

3.2.4 领导风格对组织创新的影响机制：组织创新气氛的中介作用

已有研究将组织创新气氛作为通往组织创新的途径。Farris（1988）在 R&D 组织中检验气氛的结果表明，R&D 能控制组织因素，因而影响组织的创新。途径之一就是营造一种有利于创新的文化或气氛。管理者揭示，一种创新的文化是通过创造社会感来实现，包括一种家庭感、社会化、信任、人道主义、信息流、学习途径、个体认知和团队合作。营造创新文化的管理策略有：提供员工工作自主，提供对个人的重视，强调团队一致性，保持闲散资源的连续性。Damanpour（1991）关于组织情境的实证研究检验组织因素与创新有直接关系以及组织创新气氛在二者之间的中介作用。支持创新的水平在变革型领导与组织绩效之间起调节作用（Howell and Avolio，1993）。领导者通过营造创新气氛来影响创新（Ekvall and Ryhammar，1999）。Nemanich 等（2007）以收购整合情境中的员工为研究对象，发现目标清晰度和支持创新的氛围对变革型领导与工作满意度的关系具有部分中介作用。从这些研究结果来看，组织创新气氛总是充当影响创新的过程变量。因为，如果没有外在力量对它的作用，创新气氛就不可能自生，也不会存在。

国内有少许对领导与创新气氛及创新之间关系的研究。刘惠琴、张德（2005）从个体层面研究团队创新绩效，研究结果显示：领导能力、领导行为、成员创新能力、成员创新行为、团队工作偏好、组织内创新环境等因素对团队创新绩效有显著正效果；团队互动和团队创新气氛的中介作用显著。刘惠琴、张德（2006）从团队层面验证团队创新绩效决定模型，结果显示：魅力型领导能力和行为、团队工作偏好、组织内创新环境通过团队创新气氛对团队创新绩效有显著影响；成员创新能力对团队创新能力有直接显著影响；成员创新行为既对团队创新行为产生直接效果，又通过创新气氛对创新绩效产生间接效果。郭桂梅和段兴民（2008）研究发现，变革型领导行为与员工创造性正相关，内在动机和创造性工作氛围均对变革型领导行为与员工创造性之间的关系具有部分中介作用，作为中介变量的内在动机和创造性工作氛围之间具有正向的互动作用。这些国内的研究关注于员工的创造性和团队的创新绩效，检验出工作氛围的中介作用。

变革型领导总会鼓励员工不断超越自我、从新的视角看问题，在对员工不知不觉的影响中营造组织创新气氛，从而提升管理创新和技术创新。交易型领导在提升组织创新的过程中也是要为员工创造有利于创新的环境来促使他们为创新效力。放任型领导对组织创新气氛有消极影响，但是如果组织创新气氛很浓厚，即使存在一些消极的放任型领导也不会影响到管理创新和技术创新的结果。

基于以上理论和分析，提出以下假设：

H4-1：组织创新气氛在变革型领导与管理创新之间起中介作用；

H4-2：组织创新气氛在变革型领导与技术创新之间起中介作用；

H4-3：组织创新气氛在交易型领导与管理创新之间起中介作用；

H4-4：组织创新气氛在交易型领导与技术创新之间起中介作用；

H4-5：组织创新气氛在放任型领导与管理创新之间起中介作用；

H4-6：组织创新气氛在放任型领导与技术创新之间起中介作用。

3.2.5 组织变革在领导风格对组织创新的影响机制中的调节作用

组织变革呼吁变革型领导，变革型领导的有效性也受组织变革环境的影响。Tichy 和 Ulrich（1984）主张变革型领导的本质在于改变寻常的做事方式。事实上，变革型领导者会被描述为运用非传统的策略（Conger and Kanungo，1987），认识并强化变革的需要，将他自己看作变革推动者，操纵这个转变的过程（Tichy and Devanna，1986），采用试验来鼓励创新并且检验新的产品和程序（Bennis and Nanus，1985），推陈出新（Bass，1985），并使用有激情和动力的人来支持变革（Roberts，1984）。Bryman（1992）认为组织环境对变革型领导行为具有促进或阻碍作用，在具有不确定性或存在危机的情境中，与变革型领导相关的一些品质几乎是领导者做出恰当反应所必需的。组织的变革或文化的改变在很大程度上是源于领导者的观点，为了适应环境，延续组织的生命，领导者必须超然于自己的组织，对组织的文化予以改革与重组（Schein，1992）。Bass 等（2003）提出当今组织面临着变革的步伐，势必需要更适应的、更灵活的领导。在快速变革的环境中，适应性领导者的工作会更有效，有助于领导者和下属弄清面临的变革的意义，然后对这些变革做出恰当的反应。适应性领导与下属一起共事，从而产生解决复杂问题的办法，也引导他们处理更广范围的问题，承担起领导责任（Bennis，2001）。变革型领导会与下属沟通有灵感的愿景、提供智力激发并与下属建立高质量的领导—成员交换关系，从而取得项目的成功，同时，技术变革的速度会调节领导在研发为主的组织与操作为主的组织中的差异性（Elkins and Keller，2003）。Bommer 等（2005）研究发现，变革型领导行为能够减少员工对组织变革的抵触。De Hoogh 和 Den Hartog（2005）验证了五大人格与变革型及交易型领导行为之间的关系，组织环境的变化程度起着调节作用。变革型领导的有效性随着文化差异而变化，亚洲和北美传统文化差异对变革型领导的有效性起着调节作用（Speritzer，Perttula and Xin，2005）。

组织变革对组织创新有良好的促进作用。Samuel 和 Jacobsen（1997）提出因适应外部环境的变化而进行的组织变革会给组织带来技术创新绩效的增加。从组织结构、战略、文化、人员等方面的变革也会带来因应对问题而进行的管理创新。对中国国有企业的发展而言，企业规模越大，变革的需求越大，就越要进行创新（Sun，2000）。

情境因素将缓冲变革型领导行为和交易型领导行为对绩效的影响（戚振江，张小林，2001）。存在变革倾向和风险承受趋势的组织中，容易接受变革型领导者；相反，受传统的习惯、规章和法令所约束的组织中，常把对现状存有疑虑、完成任务时常寻求改进方法的领导者看作是缺乏稳定性的领导，变革型领导者不适合于这种具有结构稳定和连贯性的组织。因此，革新、风险承担和开放性较高的组织与结构稳定、秩序井然的组织相比，前者对变革型的领导者更具有吸引力。有研究显示，革新支持对于智力开发、个性化考虑的领导行为和工作绩效间的相关性具有缓冲效应。而魅力型领导行为与绩效间的关系，并不受革新支持的影响，主要有两个方面的原因：① 具有较高领导魅力的领导者通常希望拥有与领导者价值观和目标一致的员工，并诱导下属超越当下的环境，完成领导所分配的任务，达到预期的目标。魅力型领导者通过自我效能的发挥，能使下属达到高任务绩效、高任务调整及对领导和群体的高适应性；② 与较为规范和稳定的环境相比，在较为混乱和不稳定的环境中，魅力型领导者因其自我魅力带来的安全感对员工的绩效影响更大。在探讨组织文化与领导行为的关系时，既要看到组织文化对于领导的影响，同时也要考虑到领导对组织文化的变革具有能动作用。领导者可以通过其理念及相应的变革措施来更新企业的组织文化，领导的过程实际上也是组织文化的形成与变革的过程（徐长江，时勘，2003）。领导者与组织文化之间是相互作用的，领导者对于组织文化有重要的影响，而既定的组织文化又会影响变革型领导与交易型领导的适应性及其效能的发挥（徐长江，时勘，2005）。

组织变革强度越大，变革型领导行为更容易产生，并根据变革的需求，适时改变组织管理中不合适的方面，从而导致组织创新的产生。变革型领导会在组织变革强度增大的情形下，引导员工不断改进已有的产品或服务，或者引入新的生产工序而应对变革，结果则会促进技术创新和管理创新。交易型领导面临着高强度的组织变革时，将向员工传达迎合变革目标的指示，并监督员工行为或结果，促使员工不会因为大的失误而影响变革的推行。由此，变革型领导通过对员工有效的激励和积极的矫正行为，则有利于管理创新和技术创新的提升。放任型领导与组织变革的环境极不协调，在组织变革强度高的情况下，放任型领导就如同无领导，除非员工有极强的积极性和主动性，才能跟上变革的步伐，否则，则会对管理创新和技术创新产生消极影响。

基于以上理论和分析，提出以下假设：

H5-1：组织变革强度越大，变革型领导对管理创新的正向影响越大；

H5-2：组织变革强度越大，变革型领导对技术创新的正向影响越大；

H5-3：组织变革强度越大，交易型领导对管理创新的正向影响越大；

H5-4：组织变革强度越大，交易型领导对技术创新的正向影响越大；

H5-5：组织变革强度越大，放任型领导对管理创新的负向影响越大；

H5-6：组织变革强度越大，放任型领导对技术创新的负向影响越大。

3.3 研究的构念

在以上假设的基础上，本研究沿着“领导风格——组织创新气氛——组织创新”、“领导风格——组织变革强度——组织创新”的逻辑思路，着重分析变革型领导、交易型领导及放任型领导对管理创新、技术创新影响的作用机制，研究组织创新气氛在领导风格与组织创新关系之间的中介作用，分析组织变革强度对领导风格与组织创新关系的调节作用。本研究的构念如图 3-1 所示。

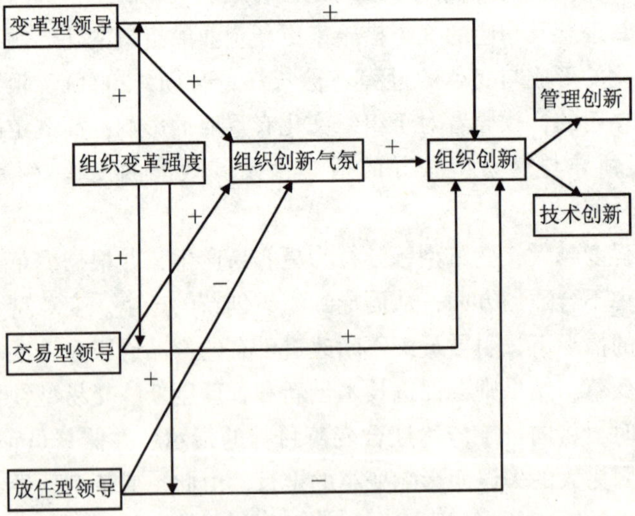

图 3-1 本研究的构念

3.4 本章小结

本章首先对上一章文献综述进行概括，总结以往研究的主要贡献和存在的不足，并以此为依据提出本研究拟探索的方向。在文献与理论分析的基础上，围绕“领导风格（组织变革强度）——组织创新气氛——组织创新”的逻辑思路提出本研究的五类23个相关假设。本章提出的研究假设为后续的实证研究提供了思路，并界定了研究的角度与范围。

4 问卷设计与预测试

本章主要介绍研究变量的描述、测量及问卷的预测试。包括：研究变量的描述；结合文献法和访谈法确定初始调查问卷；再通过小规模调查和数据分析进行问卷的预测试，对初始调查问卷进行信度和效度评估，采用因子分析等方法确定每个变量的最终问卷项目。

4.1 变量描述

4.1.1 领导风格的界定和测量

综合 Hater 和 Bass（1988）、Avolio 和 Bass（1991）、Avolio 等（1991）、Bass 和 Avolio（1994）、Bass（1998）、Antonakis（2003）等对全范围领导理论（FRLT）的阐述，变革型领导即：通过让下级接受某种价值观，鼓励下级为了组织利益超越个人利益向远大的目标前进，并能对下级产生深远的影响；交易型领导即：通过明确角色和任务要求指导或激励下级向既定目标前进；放任型领导即：领导避免做决策，放弃职责，不使用他们的威权。本研究对变革型领导、交易型领导及放任型领导的测量工具将翻译 Avolio 和 Bass（1991）、Bass 和 Avolio（1994）、Bass（1998）等研究者使用的 MLQ。由人力资源方向的 5 名博士生对原始英文量表进行翻译，之后进行讨论并确定问卷的每一个项目。然后请两名英语专业的研究生对翻译确定的中文量表进行回译，对照原先的英文量表，找出意思表达明显有区别的项目，再重新斟酌确定测量项目。

变革型领导的初始量表包括魅力领导（10 个题项）、感召力（4 个题项）、智力激发（4 个题项）和个性化关怀（5 个题项）4 个维度共 23 个题项，如表 4-1所示，采用 Likert 5 点法来测量。

表 4-1 变革型领导的初试测量项目

变量	测量维度	题项	题项编号
变革型领导	魅力领导	让我因为与他/她共事而感到骄傲	Tflii1
		为了集体利益而牺牲个人利益	Tflii2
		以行动来赢得我的尊重	Tflii3
		展示权力和自信	Tflii4
		谈论他们最重要的价值观和信仰	Tflii5
		考虑决策中道德和伦理的结果	Tflii6
		强调有集体使命感的重要性	Tflii7
		对目标的完成有信心	Tflii8
		详细说明拥有一个坚定的目标的重要性	Tflii9
		积极谈论哪些事情是必须要完成的	Tflii10
	感召力	描绘一个引人注目的未来蓝图	Tflim1
		增强我更加努力的意愿	Tflim2
		乐观地谈论未来	Tflim3
		提升我对成功的期待	Tflim4
	智力激发	重新检验关键的假设是否正确	Tflis1
		在解决问题的时候考虑不同的观点	Tflis2
		建议用新的方法来考虑如何完成任务	Tflis3
		引导我从很多不同的角度看问题	Tflis4
	个性化关怀	有效处理与我工作相关的需要	Tflic1
		帮助我提升我的实力	Tflic2
		花时间在教育和指导上	Tflic3
		将我看成单独的个体而不仅仅是组织的一般成员	Tflic4
		认为我有与他人不一样的需求、能力和期望	Tflic5

交易型领导的初始量表包括权变奖励（4 个题项）、积极例外管理（4 个题项）、消极例外管理（3 个题项）3 个维度共 11 个题项，如表 4-2 所示，采用 Likert 5 点法来测量。

表 4-2　交易型领导的初试测量项目

变量	测量维度	题项	题项编号
交易型领导	权变奖励	向我提供帮助以获得我的努力	Talc1
		以特定的形式协商由谁来负责完成绩效目标	Talc2
		清楚地描述当绩效目标达到时个人能期望得到什么	Talc3
		当我达到期望时表示满意	Talc4
	积极例外管理	明白所有的失误	Tala1
		集中他/她所有的精力来解决误会、抱怨和失败	Tala2
		为符合标准引导我的注意力放在错误上	Tala3
		注意力集中在非常规、错误、例外和偏差上	Tala4
	消极例外管理	直到问题变得严重才进行干预	Talp1
		等事情出错了再采取措施	Talp2
		坚持“东西不坏不修理”的信念	Talp3

放任型领导的初始量表包括放任自流（4 个题项）这一个维度，如表 4-3 所示，采用 Likert 5 点法来测量。

表 4-3　放任型领导的初试测量项目

变量	测量维度	题项	题项编号
放任型领导	放任自流	避免在重大问题发生时被卷入进去	Lfl1
		在需要的时候不在场	Lfl2
		避免做决策	Lfl3
		延迟对紧急问题的反应	Lfl4

4.1.2　组织创新气氛的界定和测量

综合 West（1989）、James 等（1990）、Amabile（1993）、Scott（1994）、Bharadwaj（2000）等研究者对组织创新气氛的定义，组织创新气氛是一种存在于组织内部，能够被组织成员体验到的与组织生产和管理行为等组织创新目标相关的信息，并具体化为全面提升组织创新能力的环境氛围。组织创新气氛的测量采用 Anderson 和 West（1996，1998）研究的 TCI 进行翻译、讨论、回译、再讨论的流程确定了初始的组织创新气氛测量项目。组织创新气氛的初始量表包括愿景（11 个题项）、参与安全性（6 个题项）、支持创新（8 个题项）、任务导向（6 个题项）、互动频率（4 个题项）5 个维度共 35 个题项，采用 Likert 5 点法来测量。

表 4-4 组织创新气氛的初试测量项目

变量	测量维度	题项	题项编号
组织创新气氛	愿景	我清楚组织的目标	Tciv1
		组织的目标是合适的	Tciv2
		我认同组织目标	Tciv3
		我的同事认同组织目标	Tciv4
		我的同事清楚组织的目标	Tciv5
		我所在组织的目标可以实现	Tciv6
		组织的目标值得你奋斗	Tciv7
		组织的目标具有现实意义	Tciv8
		组织的目标具有社会意义	Tciv9
		组织的目标是现实可行的	Tciv10
		我的同事致力于目标的实现	Tciv11
	参与安全性	我们在组织中共享信息	Tcis1
		我们都有归属感	Tcis2
		大家在工作中集思广益	Tcis3
		大家能感受到被他人理解和接受	Tcis4
		即使是占很少数，每个人的观点也都会被接纳	Tcis5
		大家尝试在组织中尝试共享	Tcis6
	支持创新	组织总是寻求新的方法	Tcii1
		我们支持提出新方法	Tcii2
		组织迅速应对变化	Tcii3
		大家总是从新视角看问题	Tcii4
		我们花时间寻找新方法	Tcii5
		大家合作尝试新方法	Tcii6
		大家为创新共享资源	Tcii7
		同事帮助我尝试新方法	Tcii8

续表

变量	测量维度	题项	题项编号
组织创新气氛	任务导向	同事为我提供有用的方法使我工作能力得到最大发挥	Tcit1
		大家为了高绩效相互监督	Tcit2
		组织为了更好的绩效考虑潜在的不足	Tcit3
		大家为了高绩效参照相互的建议	Tcit4
		大家对追求最好的绩效达成共识	Tcit5
		组织对成员有明确的分工要求	Tcit6
	互动频率	大家就公事沟通	Tcif1
		大家保持私人联系	Tcif2
		大家经常会面交流	Tcif3
		大家经常相互影响	Tcif4

4.1.3 组织创新的界定和测量

综合 Daft 和 Becker（1978）、Van de Ven（1986）、Damanpour（1991，1996）等对组织创新的定义，组织创新是组织在与外部环境的互动，引入新的思想、产品或工艺、管理策略等，进而对组织内部的若干要素状况进行变革和改造，促进组织的生存与发展。在对组织创新的测量上，本研究依据双核心理论，将组织创新划分为管理创新和技术创新两个维度，参照 Damanpour（1991，1996）的量表进行编制，初始测量量表共包括 13 个题目，其中管理创新 6 个题目，技术创新 7 个题目，采用 Likert 5 点法来测量。

表 4-5 组织创新的初试测量项目

变量	测量维度	题项	题项编号
组织创新	管理创新	提出了一个新的绩效考核系统	Omi1
		引入一种新的员工培训主题	Omi2
		采用新的员工激励或薪酬体系	Omi3
		采用一种新的招聘体系	Omi4
		形成新的组织结构	Omi5
		运用新的工作设计方案	Omi6

续表

变量	测量维度	题项	题项编号
组织创新	技术创新	引入新的服务或程序	Oti1
		现有的服务或程序有显著的变化	Oti2
		将服务延伸到组织以前没有服务过的新客户群	Oti3
		生产一种新的产品	Oti4
		为客户、员工介绍一种新的活动	Oti5
		将已有的产品重新设计成与原产品有显著差异的新产品	Oti6
		采用一种新的与现存的服务传递方法有重大改变的方法	Oti7

4.1.4 组织变革的界定和测量

综合 Mosher（1967）、Fried 和 Brown（1974）、Salamon（1981）、Carnall（1986）等对组织变革的定义，组织变革即在组织内部发生的一系列与组织的结构、人员、技术、任务等相关的改变。本研究是将组织变革作为情境因素来研究其对领导风格及组织创新的调节作用，结合文献和访谈法的结果，从组织变革的内容、幅度、速度三个方面进行测量，采用 Likert 5 点法来测量。

表 4-6 组织变革的初试测量项目

变量	测量维度	题项	题项编号
组织变革	变革内容	曾经或者即将经历产品或服务变化	Ocpr
		曾经或者即将经历组织结构的变动	Ocst
		曾经或者即将经历技术或流程的改变	Octe
		曾经或者即将经历组织文化的变化	Occu
		曾经或者即将经历人员变动	Ocem
	变革幅度	曾经或者即将经历大幅度的变化	Ocld
	变革速度	曾经或者即将经历快速剧烈的变化	Ocss

4.2 访谈法与专家意见法

访谈法是问卷设计中的重要环节，通过访谈可以验证研究的构想框架，考察变量的设计、测量的项目是否合理。本研究在文献法基础上完成问卷项目初步设计，通过访谈法与专家意见法提高问卷的质量。

问卷编制过程中的访谈其目的主要在于：第一，通过对企业管理者的访谈，了解在企业中领导风格、组织创新内容、组织变革程度等变量各维度的构成与文献总结中的是否一致；第二，考察领导风格如何影响组织创新活动，作用机制如何，以验证本研究提出的领导风格通过组织创新气氛影响组织创新的构思效度；第三，确认编制问卷中题目的适用性与通俗性。

访谈时间是从2007年8月至2007年9月，访谈的对象是武汉市和杭州市的一些企业中的中高层管理者。访谈对象所在的行业包括银行、房地产、通讯、科技、医疗、建筑、化工等，采用面对面方式，单个访谈，一共访谈了16位管理者。

访谈的主要内容有：访谈对象个人的基本情况，包括职位、学历、年龄等；访谈对象所在企业的基本情况，包括所处行业、企业规模、经营效益等；访谈对象所在企业管理者的领导风格，访谈对象倾向于如何领导下属，效果如何？访谈对象认为不同的领导风格对组织的变革及创新有什么影响？访谈对象对组织创新气氛有何看法，访谈对象认为组织创新会受到创新气氛的影响吗？访谈对象所在的企业是否有变革，主要体现在哪些方面？访谈对象觉得组织变革的强弱程度有哪些指标？访谈对象对本研究的思路有何建议？访谈对象对初始问卷中的各个变量的测量题目有何建议，请指出让人会产生理解偏差的题目。

专家意见法，主要是请相关领域的学者对问卷的设计提出建议。召集华中科技大学人力资源专业的5名博士生一起讨论问卷的具体内容，最后达成一致意见。讨论内容包括：问卷中的题目是否含义明确，用语简洁？题目是否会产生歧义？题目是否可以得到真实的作答？问题是否存在社会称许性？题量是否合适？作答者大约花费多少时间可以完成？

4.3 问卷预测试

本研究拟通过预测试，对问卷的信效度进行实证考察，从而提高研究工具质量。

运用初始问卷对华中科技大学管理学院MBA班学员、EMBA班学员以及湖北省人力资源市场组织的两场大型招聘会各单位人事主管进行抽样调查，共发放问卷160份，收回150份，回收率为93.8%，剔除25份无效问卷，有效问卷为125份，样本有效率为83.3%。样本的人口统计学特征分布如表4-7所示。

表4-7 预调查样本特征信息

	样本特征	频数（人）	百分比（%）
性别	男	70	56.0
	女	55	44.0
年龄	20-25岁	34	27.2
	26-30岁	49	39.2
	31-35岁	22	17.6
	35-40岁	15	8.8
	41-45岁	6	4.8
	46岁以上	3	2.4
任职时间	1年之内	27	21.6
	1-3年	24	19.2
	3-5年	19	15.2
	5-10年	47	33.6
	10年以上	13	10.4
职位	基层员工	59	47.2
	基层管理者	38	30.4
	中层管理者	23	18.4
	高层管理者	5	4.0
学历	高中以下	0	0
	中专或高中	0	0
	大专	32	25.6
	本科	63	50.4
	硕士及以上	30	24.0
单位性质	国有企业	29	23.2
	民营企业	51	40.8
	中外合资	8	6.4
	外资企业	11	8.8
	事业单位	26	20.8

续表

	样本特征	频数（人）	百分比（%）
单位规模	30 人以下	8	6.4
	31-100 人	33	26.4
	101-300 人	34	27.2
	301-500 人	15	12.0
	500 人以上	35	28.0
单位效益	很好	15	12.0
	较好	53	42.4
	中等	51	40.8
	较差	5	4.0
	很差	1	0.8

4.3.1 预测试问卷效度和信度的评价方法

(1) 测量的效度的评价方法

效度即所谓的有效性，是衡量量表好坏的重要标准，它是指一个量表能测量其所要测量的特质或行为的程度。开发新的测量工具过程中，需要检验的有效性一般包括内容效度（content validity）和结构效度（construct validity）两方面。信度（reliability）即可靠性，是指测量工具的正确性和精确性，用以反映相同条件下重复测量结果的稳定性与一致性，一般可以通过检验衡量工具的内部一致性来实现。

内容效度即所谓的表面效度，是指逻辑上能够清晰反映出研究中所要测量的概念和内容，测量项目的设计具有代表性和综合性，可以通过主观进行判断。本研究使用的量表是借鉴和参考已有研究的文献，或直接翻译引用已有量表，或对已有量表翻译后进行修订再用，对没有可以直接引用的量表，则根据概念的操作性定义结合访谈结果，并根据实际研究的背景设置相应的测量题目。在初始量表题目确定后，采用访谈法和专家意见法对量表中的题目进行再次讨论与修改，从而保证测量的内容效度。

结构效度衡量了测验能测量到理论上的变量或特质的程度，即测量得到的实证数据与要测量概念的理论逻辑相一致的程度。结构效度的检验可利用因子分析、收敛效度和区分效度加以检验。

收敛效度是指测量同一个概念的不同题目的一致性，收敛效度评价的主要作用是通过评价剔除和净化所谓的“垃圾条款”，从而减少测量项目的多因子现象（Churchill，1979），提高测量项目的解释能力。本研究主要通过信度分析中评价同一概念中每一个测量项目与该概念中其他项目的总和的相关系数，即纠正项目的总相关系数（Corrected-Item Total Correlation，简称 CITC），来进行评价，对于 CITC 值小于 0.5 的测量项目，则认为其收敛效度较差，应予以剔除（Bock and Kim，2002；鞠芳辉，2007）。本研究也采用此评价标准。

区分效度是指不同变量测量之间的差异化程度（Simonni，1999）。区分效度的评价方法主要是通过探索性因子分析（Explorative Factor Analysis，简称 EFA）。通过评价测量项目的因子负荷进行评价。Leder 和 Sethi（1991）提出在因子分析中筛选变量测量条款的标准有 3 个：第一，一个题自成一个因子时，则予以删除，因为其没有内部一致性。第二，每个题所属因子的负荷量必须大于 0.5，则认为具有收敛效度，否则删除。第三，每一个题所对应的因子负荷必须接近于 1，但在其他因子的负荷必须接近于 0，这样才具有区别效度，所以若该题所有因子的负荷量都小于 0.5，或在两个以上因子上是大于 0.5，也就是横跨两个因子，则删除此题。

（2）测量的信度的评价方法

本研究采用 Cronbach's alpha 系数方法进行信度评价。根据已有探索性研究（Nunnally and Bernstein，1994）所采用标准，若该变量的 Cronbach's alpha 内部一致性值均大于 0.7 才保留，同时，若发现将某以题目删除后反而会显著提高内部一致性，则该题亦删除不用。

本研究针对上述几个方面，进行测量的效度和信度评价，具体评价时遵循如下的评价程序：第一步，进行收敛效度评价，计算每一个测量项目的 CITC 值，通过删除 CITC 值小于 0.5 的不合格项目来提高测量的收敛效度；第二步，在第一步的基础上采用探索性因子分析进行区分效度评价，根据相关准则删除因子结构不清的项目；第三步，进行信度评价，计算最终项目内部一致性信度即 Cronbach's alpha 系数值。

4.3.2 预测试的收敛效度评价结果

按照以上评价方法和程序，首先采用 CITC 法对变革型领导、交易型领导、放任型领导、组织管理创新、组织技术创新、组织创新气氛中各维度进行测量项目的收敛效度评价。

由表4-8可以看出，变革型领导的魅力领导维度第2题、第3题、第10题的CITC值小于0.5，予以删除；个性化关怀的第1题的CITC值小于0.5，予以删除。

表4-8 变革型领导的收敛效度评价表

变量	测量维度	题目编号	CITC值	处理
变革型领导	魅力领导	Tflii1	.639	保留
		Tflii2	.495	删除
		Tflii3	.481	删除
		Tflii4	.657	保留
		Tflii5	.575	保留
		Tflii6	.549	保留
		Tflii7	.616	保留
		Tflii8	.676	保留
		Tflii9	.632	保留
		Tflii10	.432	删除
	感召力	Tflim1	.613	保留
		Tflim2	.798	保留
		Tflim3	.756	保留
		Tflim4	.642	保留
	智力激发	Tflis1	.572	保留
		Tflis2	.615	保留
		Tflis3	.721	保留
		Tflis4	.675	保留
	个性化关怀	Tflic1	.492	删除
		Tflic2	.708	保留
		Tflic3	.649	保留
		Tflic4	.678	保留
		Tflic5	.603	保留

由表4-9可以看出，交易型领导的积极例外管理维度第1题的CITC值小于0.5，予以删除。

表4-9 交易型领导的收敛效度评价表

变量	测量维度	题目编号	CITC值	处理
交易型领导	权变奖励	Talc1	.599	保留
		Talc2	.605	保留
		Talc3	.655	保留
		Talc4	.593	保留
	积极例外管理	Tala1	.472	删除
		Tala2	.595	保留
		Tala3	.699	保留
		Tala4	.521	保留
	消极例外管理	Talp1	.560	保留
		Talp2	.710	保留
		Talp3	.640	保留

由表4-10可以看出，放任型领导量表的全部测量项目的CITC值均大于0.5，因此保留放任型领导量表的所有项目。

表4-10 放任型领导的收敛效度评价表

变量	测量维度	题目编号	CITC值	处理
放任型领导	放任自流	Lfl1	.651	保留
		Lfl2	.782	保留
		Lfl3	.760	保留
		Lfl4	.777	保留

由表4-11可以看出，组织创新气氛中的愿景维度第1题、第4题、第5题、第11题的CITC值小于0.5，予以删除；参与安全性维度的第2题、第4题的CITC值小于0.5，予以删除；支持创新维度的第7题、第8题的CITC值小于0.5，予以删除。

表 4-11 组织创新气氛的收敛效度评价表

变量	测量维度	题目编号	CITC 值	处理
组织创新气氛	愿景	Tciv1	.491	删除
		Tciv2	.708	保留
		Tciv3	.729	保留
		Tciv4	.469	删除
		Tciv5	.471	删除
		Tciv6	.703	保留
		Tciv7	.743	保留
		Tciv8	.725	保留
		Tciv9	.701	保留
		Tciv10	.706	保留
		Tciv11	.448	删除
	参与安全性	Tcis1	.617	保留
		Tcis2	.490	删除
		Tcis3	.759	保留
		Tcis4	.710	保留
		Tcis5	.402	删除
		Tcis6	.677	保留
	支持创新	Tcii1	.717	保留
		Tcii2	.605	保留
		Tcii3	.696	保留
		Tcii4	.723	保留
		Tcii5	.768	保留
		Tcii6	.716	保留
		Tcii7	.409	删除
		Tcii8	.318	删除
	任务导向	Tcit1	.658	保留
		Tcit2	.676	保留
		Tcit3	.608	保留
		Tcit4	.671	保留
		Tcit5	.750	保留
		Tcit6	.509	保留
	互动频率	Tcif1	.513	保留
		Tcif2	.682	保留
		Tcif3	.680	保留
		Tcif4	.717	保留

由表 4-12 可以看出，组织创新量表的全部测量项目的 CITC 值均大于 0.5，

因此保留组织创新量表的所有项目。

表 4-12 组织创新的收敛效度评价表

变量	测量维度	题目编号	CITC 值	处理
组织创新	管理创新	Omi1	.700	保留
		Omi2	.679	保留
		Omi3	.773	保留
		Omi4	.822	保留
		Omi5	.680	保留
		Omi6	.657	保留
	技术创新	Oti1	.650	保留
		Oti2	.683	保留
		Oti3	.714	保留
		Oti4	.704	保留
		Oti5	.683	保留
		Oti6	.642	保留
		Oti7	.611	保留

4.3.3 预测试的区分效度评价结果

本研究采用小规模样本数据对调查问卷进行探索性因子分析（EFA），以检验测量的区分效度。探索性因子分析的目的是浓缩数据，从一群杂乱无章的数据中找出共同属性，通过因子分析可以把许多问项中关系密切的问项抽象归并成数目较少的几个共同因子，达到化繁为简的目的（郭志刚，1999）。本研究的探索性因子分析采用主成分分析（Principle component methods），并采用最大方差法（Varimax）来进行因子分析（Factor Analysis）。在因素个数的决定上，以特征值（Eigenvalue）大于 1 为评估标准。

在进行探索性因子分析之前，首先需要判断这些条款是否适合做因子分析，常用的判定方法是对样本进行巴特利特球体检验（Bartlett test of sphericity）和 KMO（Kaiser-Meyer-Olykin Measure of Sampling Adequacy）测度。巴特利特球体检验要求统计值显著性概率小于等于显著性水平。KMO 值越接近 1，越适合做因子分析，KMO 在 0.9 以上，非常合适；0.8-0.9，很合适；0.7-0.8，合适；0.6-0.7，不太合适；0.5-0.6，很勉强；0.5 以下不能接受（郭志刚，1999）。

（1）变革型领导量表的探索性因子分析

按照评价程序，首先对变革型领导行为量表余下的 20 个测量项目进行探索性因子分析，并删除相应的不合要求的问项，包括独立成为一个因子的题项，因子负荷小于 0.5 的测量条款，在两个因子上负荷均大于 0.5 即因子结构不清的测量条款。

通过样本充分性检验和样本分布检验发现 KMO 测试值为 0.907，Bartlett 球形检验卡方值是 1084.024，显著性概率为 0.000，表明适合做因子分析。经过探索性因子分析，按照特征根大于 1 的标准，共提取了 4 个公因子，特征值分别为 8.574、1.571、1.161、1.038，累计方差解释率达 64.968%。经旋转后因子负荷见表 4-13。

从表 4-13 中可以清晰看出，Tflii9 在两个因子上的负荷均大于 0.5，双重负荷，予以删除。其余各个测量条款在相应的维度上的因子负荷都大于 0.5，而在其他因子上的负荷都小于 0.5，反映了清晰的因子结构，并与研究构思关于变革型领导行为这一概念测量的维度划分完全吻合。

表 4-13　变革型领导探索性因子分析

因子含义	编号	提取因子			
		1	2	3	4
智力激发	Tflis1	.700	.189	.184	.339
	Tflis2	.788	.226	.227	.223
	Tflis3	.753	.202	.229	.323
	Tflis4	.724	.216	.292	.247
魅力领导	Tflii1	.242	.607	.233	.308
	Tflii4	.021	.772	.136	.127
	Tflii5	.190	.747	.111	.150
	Tflii6	.268	.640	.202	.184
	Tflii7	.383	.536	.324	.002
	Tflii8	.411	.527	.340	.017
双负荷	Tflii9	.515	.537	.214	.054

续表

因子含义	编号	提取因子			
		1	2	3	4
感召力	Tflim1	.103	.282	.699	.225
	Tflim2	.322	.204	.753	.181
	Tflim3	.231	.221	.801	.085
	Tflim4	.307	.165	.687	.284
个性化关怀	Tflic2	.348	.190	.353	.561
	Tflic3	.248	.250	.210	.676
	Tflic4	.166	.097	.066	.827
	Tflic5	.163	.100	.166	.776

（2）交易型领导量表的探索性因子分析

按照上述方法，首先对交易型领导行为量表余下的10个测量项目进行探索性因子分析，并删除相应的不合要求的问项，包括独立成为一个因子的题项，因子负荷小于0.5的测量条款，在两个因子上负荷均大于0.5即因子结构不清的测量条款。

样本充分性检验和样本分布检验发现KMO测试值为0.784，Bartlett球形检验卡方值是446.157，显著性概率为0.000，表明适合做因子分析。经过探索性因子分析，按照特征根大于1的标准，共提取了3个公因子，特征值分别为3.131、2.949、1.076，累计方差解释率达71.559%。经旋转后因子负荷见表4-14。

从表4-14中可以清晰看出，各个测量条款在相应的维度上的因子负荷都大于0.5，而在其他因子上的负荷都小于0.5，反映了清晰的因子结构，并与研究构思关于交易型领导行为这一概念测量的维度划分完全吻合。

表4-14　交易型领导探索性因子分析

因子含义	编号	提取因子		
		1	2	3
消极例外管理	Talp1	.840	-.110	.157
	Talp2	.909	-.147	.094
	Talp3	.890	-.111	.106

续表

因子含义	编号	提取因子		
		1	2	3
权变奖励	Talc1	-.100	.770	.104
	Talc2	-.069	.773	.075
	Talc3	-.088	.753	.193
	Talc4	-.128	.748	.149
积极例外管理	Tala2	-.020	.264	.813
	Tala3	.146	.121	.890
	Tala4	.277	.115	.813

（3）放任型领导量表的探索性因子分析

对放任型领导量表做探索性因子分析得出结果：样本充分性检验和样本分布检验发现 KMO 测试值为 0.825，Bartlett 球形检验卡方值是 171.553，显著性概率为 0.000，表明适合做因子分析。经过探索性因子分析，按照特征根大于 1 的标准，共提取了 1 个公因子，特征值为：2.954，方差解释率达 73.847%。经旋转后因子负荷见表 4-15。

从表 4-15 中可以清晰看出，各个测量条款在相应的维度上的因子负荷都大于 0.5 而在其他因子上的负荷都小于 0.5，反映了清晰的因子结构，并与研究构思关于放任型领导行为这一概念测量的维度划分完全吻合。

表 4-15　放任型领导探索性因子分析

因子含义	编号	提取因子
		1
放任自流	Lfl1	.792
	Lfl2	.885
	Lfl3	.873
	Lfl4	.884

（4）组织创新气氛量表的探索性因子分析

首先对组织创新气氛量表余下的 27 个测量项目进行探索性因子分析，并删除相应的不合要求的问项，包括独立成为一个因子的题项，因子负荷小于0.5的测量条款，在两个因子上负荷均大于0.5即因子结构不清的测量条款，删除Tcii6，tcit6。

因子分析的结果：样本充分性检验和样本分布检验发现KMO测试值为0.940，Bartlett球形检验卡方值是1857.161，显著性概率为0.000，表明适合做因子分析。经过探索性因子分析，按照特征根大于1的标准，共提取了5个公因子，特征值分别为：10.856，1.999，1.409，1.238，1.104累计方差解释率达63.866%。经旋转后因子负荷见表4-16。

从表4-16中可以清晰看出，各个测量条款在相应的维度上的因子负荷都大于0.5而在其他因子上的负荷都小于0.5，反映了清晰的因子结构，并与研究构思关于组织创新气氛这一概念测量的维度划分完全吻合。

表4-16　组织创新气氛探索性因子分析

因子含义	编号	提取因子				
		1	2	3	4	5
愿景	Tciv2	.658	.282	.168	.188	.097
	Tciv3	.680	.299	.223	.200	.110
	Tciv6	.600	.299	.134	.244	.138
	Tciv7	.690	.129	.292	.032	.294
	Tciv8	.776	.113	.217	.052	.158
	Tciv9	.725	.129	.259	.056	.162
	Tciv10	.695	.200	.024	-.007	.276
任务导向	Tcit1	.188	.568	.167	.084	.314
	Tcit2	.228	.747	.155	.105	.106
	Tcit3	.222	.632	.251	.092	.288
	Tcit4	.200	.677	.287	.185	.125
	Tcit5	.214	.678	.270	.145	.169
支持创新	Tcii1	.312	.122	.649	.121	.379
	Tcii2	.322	.199	.589	.026	.338
	Tcii3	.351	.353	.665	.164	.103
	Tcii4	.181	.366	.727	.221	.074
	Tcii5	.193	.305	.665	.279	.165

续表

因子含义	编号	提取因子				
		1	2	3	4	5
互动频率	Tcif1	.231	.227	-.119	.591	.346
	Tcif2	.110	.057	.189	.822	.087
	Tcif3	.051	.135	.099	.795	.177
	Tcif4	.096	.167	.305	.777	-.006
参与安全性	Tcis1	.292	.227	.002	.166	.696
	Tcis3	.296	.223	.314	.213	.595
	Tcis4	.121	.214	.248	.094	.715
	Tcis6	.260	.186	.234	.129	.646

（5）组织创新量表的探索性因子分析

首先对组织创新量表的13个测量项目进行探索性因子分析，样本充分性检验和样本分布检验发现KMO测试值为0.923，Bartlett球形检验卡方值是984.984，显著性概率为0.000，表明适合做因子分析。经过探索性因子分析，按照特征根大于1的标准，共提取了2个公因子，特征值分别为：6.611、1.316，累计方差解释率达60.976%。经旋转后因子负荷见表4-17。

从表4-17中可以清晰看出，各个测量条款在相应的维度上的因子负荷都大于0.5而在其他因子上的负荷都小于0.5，反映了清晰的因子结构，并与研究构思关于组织创新这一概念测量的维度划分完全吻合。

表4-17　组织创新探索性因子分析

因子含义	编号	提取因子	
		1	2
管理创新	Omi1	.786	.209
	Omi2	.752	.281
	Omi3	.802	.250
	Omi4	.802	.268
	Omi5	.739	.333
	Omi6	.654	.412

续表

因子含义	编号	提取因子	
		1	2
技术创新	Oti1	. 405	. 617
	Oti2	. 374	. 611
	Oti3	. 295	. 703
	Oti4	. 194	. 752
	Oti5	. 247	. 738
	Oti6	. 165	. 741
	Oti7	. 311	. 652

（6）全部测量项目的探索性因子分析

为了保证全部测量维度之间的区分效度，本研究对经过 CITC 分析和基于各变量探索性因子分析删除后保留的全部 70 个测量项目做探索性因子分析，以检验整体的区分效度。样本充分性检验和样本分布检验发现 KMO 测试值为 0. 948，Bartlett 球形检验卡方值是 28143. 407，显著性概率为 0. 000，表明适合做因子分析。经过探索性因子分析，按照特征根大于 1 的标准，共提取了 16 个公因子，累计方差解释率达 69. 553%。经旋转后因子负荷见表 4-18。

从表 4-18 中可以清晰看出，各个测量条款在相应的维度上的因子负荷都大于 0. 5 而在其它因子上的负荷都小于 0. 5，反映了清晰的因子结构，说明了整个测量量表有较好的区分效度。

表 4-18　全部变量的预测样本数据的探索性因子分析

	提取因子														
	1	2	3	4	5	6	7	8	9	10	11	12	13	14	15
Tflii1	-. 167	. 255	. 255	. 066	. 311	. 135	. 518	. 111	. 169	. 096	. 146	. 092	-. 077	. 006	. 102
Tflii4	-. 105	. 136	. 123	. 044	. 131	. 109	. 741	-. 082	. 109	. 089	-. 026	. 055	-. 006	. 149	. 067
Tflii5	-. 175	. 081	. 089	. 173	. 085	. 088	. 670	. 080	. 078	. 136	. 152	. 192	. 117	. 044	. 079
Tflii6	-. 225	. 171	. 167	. 148	. 176	. 042	. 575	. 119	. 108	. 090	. 204	. 074	. 092	-. 127	-. 077
Tflii7	-. 236	. 134	. 171	. 155	-. 043	. 073	. 570	. 165	. 246	. 114	. 201	-. 045	. 266	. 135	-. 233
Tflii8	-. 197	. 118	. 196	. 060	. 061	. 109	. 544	. 262	. 310	. 120	. 219	-. 015	. 150	. 094	-. 218

续表

	提取因子														
	1	2	3	4	5	6	7	8	9	10	11	12	13	14	15
Tflim1	-.219	.187	.186	.061	.133	.230	.214	.194	.610	.117	.025	.029	-.148	-.123	.018
Tflim2	-.189	.247	.112	.199	.147	.151	.158	.058	.664	.065	.193	.050	.116	.099	-.022
Tflim3	-.247	.116	.135	.177	.163	.067	.138	.057	.748	.022	.146	.070	.067	.065	-.007
Tflim4	-.123	.322	.073	.218	.184	.159	.126	-.007	.616	.046	.217	.024	.125	.096	.075
Tflis1	-.111	.337	.146	.196	.112	.192	.142	.113	.141	.111	.617	.107	.079	.105	.130
Tflis2	-.225	.291	.160	.130	.134	.192	.218	.089	.208	.047	.633	.051	.107	-.032	-.043
Tflis3	-.172	.334	.206	.170	.195	.163	.163	.099	.182	.057	.629	.111	.063	.004	-.014
Tflis4	-.279	.275	.185	.189	.140	.191	.183	.077	.222	.022	.574	.092	.046	.066	-.060
Tflic2	-.228	.578	.128	.078	.134	.126	.095	.260	.223	.081	.199	.080	.058	-.054	-.266
Tflic3	-.145	.642	.200	.052	.135	.155	.168	.194	.101	.014	.070	.166	-.005	.047	-.134
Tflic4	.081	.728	.144	.093	.038	.071	.042	.144	.070	.101	.062	.190	-.031	.076	.031
Tflic5	.008	.758	.120	.144	.121	.047	.064	-.017	.106	.099	.072	.067	.058	-.142	.009
Talc1	-.117	.098	.104	.193	.078	.084	.058	.043	.087	.048	.239	.050	.133	.654	.060
Talc2	-.090	.200	.077	.245	.053	.105	.109	-.024	-.018	-.030	.184	.072	.283	.556	.271
Talc3	-.076	.109	.108	.163	.252	.125	.310	.085	.188	.050	.094	.137	.035	.563	.120
Talc4	-.082	.121	.061	.100	.105	.143	.197	.161	.252	.009	.158	.109	.204	.583	-.014
Tala2	.071	.199	.086	.138	.105	.061	.025	.039	.054	.006	.225	.779	.045	.041	.060
Tala3	.219	.135	.041	.075	.117	.073	.140	.063	-.018	.105	-.009	.811	.023	.039	-.021
Tala4	.358	.175	.049	.036	.094	.023	.121	.131	.067	.022	-.059	.717	-.036	-.001	-.008
Talp1	.801	-.114	-.013	-.081	-.055	-.038	.037	-.019	.011	.006	-.086	.128	-.002	-.053	.013
Talp2	.853	-.082	-.125	-.037	-.043	-.073	-.097	-.028	-.114	-.055	-.071	.072	-.029	-.042	.031
Talp3	.821	-.039	-.063	.011	-.036	-.075	-.074	.027	-.071	.027	-.071	.070	-.113	-.011	.051
Lfl1	-.083	-.011	-.068	-.135	-.002	.059	-.035	-.137	-.135	-.012	-.092	-.064	.042	.161	.743
Lfl2	-.105	-.088	-.127	.043	.011	-.012	-.197	-.021	-.026	-.053	.068	.045	.047	-.052	.828
Lfl3	-.019	-.005	-.054	-.067	-.004	-.031	-.144	.019	-.169	-.041	-.084	.143	-.097	-.090	.786
Lfl4	.100	.014	-.101	.005	-.039	-.012	-.095	.011	-.068	-.021	-.074	.066	-.073	-.129	.854
Tciv2	-.204	.079	.563	.085	.256	.073	.090	.148	.037	.109	.079	.125	-.026	.387	.033
Tciv3	-.125	.114	.622	.134	.230	.101	.076	.177	.067	.149	.092	.191	-.003	.291	-.054
Tciv6	-.109	.179	.514	.133	.185	.077	.129	.177	.092	.178	.063	.019	-.011	.359	.066

续表

	提取因子														
	1	2	3	4	5	6	7	8	9	10	11	12	13	14	15
Tciv7	-.144	.146	.644	.185	.281	.099	.106	.021	.130	.003	.110	.054	.181	.102	.006
Tciv8	-.106	.161	.770	.132	.114	.085	.144	.103	.121	.052	.071	.081	.090	-.069	.021
Tciv9	-.120	.152	.749	.063	.207	.140	.130	.113	.010	.071	.126	-.023	.058	-.097	.026
Tciv10	-.037	.113	.680	.258	-.014	.042	.086	.157	.113	-.005	.068	-.053	.269	.048	.027
Tcis1	-.223	.147	.221	.082	.182	.126	.152	.117	.008	.104	.081	-.062	.539	.374	.041
Tcis3	-.155	.113	.281	.111	.362	.257	.130	.135	.158	.165	.208	.046	.558	.151	.005
Tcis4	-.014	.255	.149	.172	.225	.232	.095	.137	.090	.082	.132	.019	.567	.028	.120
Tcis6	-.118	.129	.334	.090	.165	.231	.062	.207	.059	.149	.046	.156	.568	-.077	-.038
Tcii1	-.050	.165	.318	.239	.543	.217	.082	.033	.058	.094	.122	.094	.282	-.014	-.098
Tcii2	-.135	.202	.287	.235	.551	.133	.049	.064	.124	-.022	-.042	.093	.267	.120	-.161
Tcii3	-.055	.093	.330	.154	.643	.148	.074	.253	.149	.121	.081	.101	.023	.078	-.077
Tcii4	.081	.115	.188	.149	.687	.132	.157	.250	.139	.186	.124	.095	.017	-.014	.022
Tcii5	-.022	.126	.150	.146	.728	.151	.153	.170	.096	.218	.098	.080	.050	.070	.086
Tcit1	.008	.321	.228	.152	.185	.144	.027	.398	.126	.100	.053	.091	.214	.001	.291
Tcit2	.035	.221	.229	.159	.210	.118	.057	.631	.045	.087	.129	.027	.004	.123	.248
Tcit3	-.073	.249	.185	.297	.300	.179	.080	.459	-.035	.049	.053	.063	.168	.190	-.006
Tcit4	-.073	.097	.191	.120	.319	.090	.110	.661	.102	.154	.065	.084	.092	.069	-.111
Tcit5	-.027	.141	.206	.168	.268	.075	.023	.631	.112	.129	.073	.213	.174	.088	-.075
Tcif1	-.064	.099	.146	.059	.009	.169	.099	.113	.167	.498	-.016	.005	.224	.466	.067
Tcif2	.009	-.005	.097	.061	.166	.143	.143	.038	.023	.793	.100	.036	.062	.113	-.022
Tcif3	-.107	.104	.045	.134	.096	.051	.052	.133	.030	.811	.022	.076	.162	-.041	.052
Tcif4	.011	.140	.089	.190	.250	.160	.119	.086	.058	.756	.024	.042	-.105	.022	-.036
Omi1	-.026	.159	.145	.751	.019	.145	.119	.055	.123	.064	.021	.077	.177	.104	-.034
Omi2	-.094	.139	.115	.660	.236	.211	.072	.117	.108	.106	.152	-.005	.005	.097	-.030
Omi3	-.038	.182	.139	.744	.082	.178	.152	.121	.161	.105	-.018	.037	.144	-.022	-.019
Omi4	-.014	.117	.117	.714	.223	.212	.087	.199	.059	.140	.106	.137	-.002	-.046	-.010
Omi5	-.032	.119	.203	.662	.141	.289	-.013	.101	.088	.121	.175	.086	-.090	.054	.107
Omi6	-.111	.144	.152	.604	.212	.306	.059	.022	.071	.029	.172	.093	.118	.029	.170
Oti1	-.128	.112	.087	.374	.199	.619	.111	-.035	.082	.027	.084	-.095	.050	.002	-.030

续表

	提取因子														
	1	2	3	4	5	6	7	8	9	10	11	12	13	14	15
Oti2	-. 136	. 050	. 185	. 266	. 262	. 609	. 097	. 078	. 063	. 191	. 122	. 059	-. 117	-. 006	-. 159
Oti3	-. 057	. 141	. 031	. 255	. 181	. 651	. 091	. 081	. 137	. 073	. 159	. 021	. 000	. 237	-. 164
Oti4	. 064	. 115	. 065	. 190	. 070	. 673	. 014	. 032	. 075	. 142	. 180	. 047	. 296	. 005	-. 046
Oti5	. 031	. 174	. 109	. 236	. 022	. 625	. 065	. 106	. 197	. 146	-. 003	. 148	. 151	. 073	. 123
Oti6	-. 070	. 080	. 120	. 127	. 151	. 627	. 121	. 136	. 053	. 055	. 002	. 074	. 149	. 050	. 455
Oti7	. 003	. 144	. 159	. 241	. 090	. 512	. 107	. 301	. 042	. 072	. 152	. 094	. 127	. 016	. 279

注：Tflii、Tflim、Tflis、Tflic 分别代表变革型领导的魅力领导、感召力、智力激发和个性化关怀等维度；Talc、Tala、Talp 分别代表交易型领导的权变奖励、积极例外管理和消极例外管理等维度；Lfl 代表放任型领导；Tciv、Tcis、Tcii、Tcit、Tcif 分别代表组织创新气氛的愿景、参与安全性、支持创新、任务导向和互动频率等维度；Omi、Oti 分别代表组织创新的管理创新和技术创新维度。

4.3.4 预测试的信度评价结果

按照信度评价方法，计算各量表及各量表维度最终项目的内部一致性信度即 Cronbach's alpha 系数值，结果发现所有变量或维度的内部一致性系数均大于 0.75，证明通过上述步骤得到的量表具有良好的内部一致性信度。各个变量或维度的内部一致性信度见表 4-19。因此，净化后的变革型领导、交易型领导、放任型领导、组织创新气氛、组织创新等变量的测量是可以接受的。

表 4-19 预测试 Cronbach's α 信度系数表

各量表及维度名称	项目数	Cronbach's α 系数
变革型领导	18	. 922
魅力领导	6	. 791
感召力	4	. 843
智力激发	4	. 812
个性化关怀	4	. 751
交易型领导	10	. 786
权变奖励	4	. 782

续表

各量表及维度名称	项目数	Cronbach's α 系数
积极例外管理	3	.768
消极例外管理	3	.807
放任型领导	4	.797
组织创新气氛	25	.936
愿景	7	.900
参与安全性	4	.820
支持创新	5	.863
任务导向	5	.839
互动频率	4	.818
组织创新	13	.924
管理创新	6	.888
技术创新	7	.885

4.4 本章小结

本章主要描述了各变量内容的界定、问卷的设计与测量方法，以及通过预测试确定最终的各变量测量项目。首先，根据对已有文献的归纳总结，结合研究目的，得出了领导风格、组织创新气氛、组织创新、组织变革等变量的初始测量量表。接下来用初始量表进行预测试，经过 CITC 分析和探索性因子分析，进行量表的收敛效度和区分效度评价，删除一些条款，使得初始测量量表得到精简，提高了量表的信效度。

5 数据收集与数据评估

本章主要介绍本次调研组织和个人被试的选取及抽样方法，对回收的有效数据进行描述性统计分析，并评价数据的信效度。

5.1 数据收集

5.1.1 被试的选择

本研究主要关注中国组织变革情境下的企业领导风格对组织创新的影响，所以在选择被试的时候基于以下几个原则：

第一，组织的选取上，通过与企业中层及以上管理者的沟通，确定该企业曾经或者即将发生组织变革，而且员工能够感受到变革的氛围。

第二，组织中员工的选取上，从普通员工到基础管理者、中层管理者再至高层管理者，每个层次上的员工都要进行调查，随机从每个层次抽取2–5名。

第三，被试样本与联系人或者作者本人有良好的社会关系，并且他们在企业中工作的时间至少是一年，以保证较高的问卷回收率和问卷填答有效性。

5.1.2 数据的收集

本研究的数据收集采用问卷调查法并结合访谈法，通过与企业负责人或者中高层领导联系，向被试者发放最终问卷，根据被试者的回答收集相关数据。由于本研究的自变量、中介变量、因变量都是不能直接观测到的变量，所以在测量量表的设计中参照了相对成熟的量表，最终量表是在预测试的基础上通过信效度分析而确定。调节变量由于没有成熟的量表，本研究通过访谈法确定了一些测量指标。以上这些变量均采用 Likert 5 级量表，从“1 非常不同意”、“3 不确定” 到

“5 非常同意”。对于控制变量，如：组织相关信息及人口学变量，采用单项选择或填空的方式。

基于预调查收集的数据分析并修订的最终问卷基础上，进行大规模问卷调查，调查时间为2007年11月至2008年6月。本次调查的组织主要有如下几个部分组成：华中科技大学EMBA学员所在企业；华中科技大学在职MBA所在企业；湖北省人力资源市场会员单位；山东省经贸委分管单位；中建三局各分公司；武汉市光谷创业中心孵化器下属企业；笔者同学、朋友所在的公司。调查对象包括组织中的普通员工和管理者。本次调查的组织来自武汉、北京、上海、济南、南京、杭州、深圳、郑州、东营、黄石等地，涉及科技、化工、生物医药、医疗、教育培训、建筑、制造、服务、通讯、贸易、电子等多个行业，共120家企业。本地企业采用当场发放纸质问卷，请被试者认真填写后当场收回，并当场对有疑问的地方进行作答。外地企业采用E-mail方式发放电子版问卷或者请企业的联系人将纸质问卷发到被试人员手中，并要求在半天内收回，如有疑问则通过电话或E-mail联系。每个企业选择员工代表和管理者代表各2-5名，一共发放问卷960份，初步剔除一些空白比较多的问卷，共回收问卷671份，问卷回收率69.9%。再通过比较同一个组织中作答情况，剔除差异明显或者作答问卷雷同较多的企业12家（52份问卷），剩下108家企业作为研究对象。

进一步对问卷进行仔细审查，剔除42份存在问题的问卷。包括回答不认真的问卷（如：问卷是否随意作答或有规律填答）和回答不完整的问卷。最后得到有效问卷577份，占全部回收问卷的86%，占问卷发放总量的60.1%。

5.1.3 样本容量的确定

本研究将采用结构方程模型，利用LISREL作为主要分析工具。对于结构方程而言，对样本容量有要求，一般认为，样本数最少大于100（Boomsma，1982），被试人数是变量的10倍（Nunnally，1967），每个自由参数要有数个被试人（Bollen，1989），被试数量要有自由参数的5倍以上（Bentler，1989），样本数越大越好，每个因子至少要有3个指标（侯杰泰等，2004）。对照以上标准，本研究的有效被试人577个，变量数为15个，总测量题目数为70题，测量项目与变量数与被试数的比均符合结构方程运用的标准。

5.2 数据的描述性统计

5.2.1 样本的人口学特征统计

（1）性别

本研究的样本总计是577份有效问卷，从被调查者的性别分布来看，男性297人，占样本总数的51.5%，女性280人，占样本总数的48.5%。考虑到性别在以往研究中对领导者有差异，本次调查中，按照男女比例相当原则，标准差为0.50。

表5-1　样本的性别分布

性别	频数（人）	百分比（%）	标准差
男	297	51.5	0.50
女	280	48.5	
合计	577	100.0	

（2）年龄

本次调查中，让被调查者自己填写年龄，在描述时借鉴大多数研究，将年龄分为6个阶段：20-25岁年龄段203人，占35.2%；26-30岁年龄段219人，占37.9%；31-35岁年龄段，占14.1%；35-40岁年龄段44人，占7.6%；41-45岁年龄段21人，占3.6%；46岁以上9人，占1.6%。

表5-2　样本的年龄分布

年龄	频数（人）	百分比（%）	标准差
20-25岁	203	35.2	6.13
26-30岁	219	37.9	
31-35岁	81	14.1	
35-40岁	44	7.6	
41-45岁	21	3.6	
46岁以上	9	1.6	
合计	577	100	

（3）任职时间

本次调查的被试人在该单位的任职时间由他们本人填写，在描述时按照5个阶段来划分：任职1年之内189人，占32.8%；任职1年以上至3年的172人，占29.8%；任职3年以上至5年的73人，占12.6%；任职5年以上至10年的86人，占14.9%；任职10年以上的57人，占9.9%。

表5-3　样本的任职时间分布

任职时间	频数（人）	百分比（%）	标准差
1年之内	189	32.8	4.76
1-3年	172	29.8	
3-5年	73	12.6	
5-10年	86	14.9	
10年以上	57	9.9	
合计	577	100	

（4）职位

本次调查将研究对象的职位分为四个层次，其中：基层员工300人，占52.0%；基层管理者156，占27.0%；中层管理者106人，占18.4%；高层管理者15人，占2.6%。调查构想中的被试人，普通员工和管理者对半，结果与预期相差不大。

表5-4　样本的职位分布

职位	频数（人）	百分比（%）	标准差
基层员工	300	52.0	0.86
基层管理者	156	27.0	
中层管理者	106	18.4	
高层管理者	15	2.6	
合计	577	100	

（5）学历

本研究将学历作为一个控制变量，考察学历对个体对领导及组织创新气氛、组织创新的认知的作用。根据以往经验，将学历分为5个层次：高中以下8人，占1.4%；中专或高中59人，占10.2%；大专179人，占31.0%；本科254人，占44.0%；硕士及以上77人，占13.3%。

表5-5 样本的学历分布

学历	频数（人）	百分比（%）	标准差
高中以下	8	1.4	0.89
中专或高中	59	10.2	
大专	179	31.0	
本科	254	44.0	
硕士及以上	77	13.3	
合计	577	100	

5.2.2 样本的组织特征统计

（1）组织性质

本研究按照企业所有制形式对组织性质进行了划分。其中：国有企业22家，121人，占21%；民营企业52家，287人，占49.7%；中外合资企业9家，46人，占8.0%；外资企业11家，52人，占9.0%；事业单位14家，71人，占12.3%。

表5-6 样本所在组织的性质分布

组织性质	组织个数	百分比（%）	频数（人）	百分比（%）	标准差
国有企业	22	20.4	121	21.0	1.26
民营企业	52	48.1	287	49.7	
中外合资	9	8.3	46	8.0	
外资企业	11	10.2	52	9.0	
事业单位	14	13.0	71	12.3	
合计	108	100	577	100	

（2）组织规模

本研究以企业中员工人数作为组织规模的统计标准。共分为5个层次：规模在30人以下的12家，65人，占11.3%；规模在31-100人的35家，182人，占

31.5%；规模在101-300人的25家，131人，占22.7%；规模在301-500人的8家，39人，占6.8%；规模在500人以上的28家，160人，占27.7%。

表5-7 样本所在组织的规模分布

组织规模	组织个数	百分比（%）	频数（人）	百分比（%）	标准差
30人以下	12	11.1	65	11.3	1.39
31-100人	35	32.4	182	31.5	
101-300人	25	23.1	131	22.7	
301-500人	8	7.4	39	6.8	
500人以上	28	26.0	160	27.7	
合计	108	100	577	100	

（3）组织效益

本研究对组织效益用定性指标好坏来区分。共分为5个层次：效益很好的8家，43人，占7.5%；效益较好的52家，270人，占46.8%；效益中等的41家，228人，占39.5%；效益较差的4家，21人，占3.6%；效益很差的3家，15人，占2.6%。

表5-8 样本所在组织的效益分布

组织效益	组织个数	百分比（%）	频数（人）	百分比（%）	标准差
很好	8	7.4	43	7.5	0.79
较好	52	48.1	270	46.8	
中等	41	38.0	228	39.5	
较差	4	3.7	21	3.6	
很差	3	2.8	15	2.6	
合计	108	100	577	100	

5.3 正式问卷信度和效度检验

5.3.1 信度检验

Cronbach's α 系数是计算测量工具的信度系数，若所得信度系数高，表示各指标内部一致性（internal consistence）高。在实证研究中，普遍采用Cronbach's α 系数来检验测量工具的信度。本研究也考虑使用 Cronbach's α 系数。Nunnally 和 Bernstein（1994）认为，测量工具的 Cronbach's α 系数最好高于 0.7。

本研究分别对变革型领导、交易型领导、放任型领导、组织创新气氛、组织创新等量表进行 Cronbach's α 信度检验。表 5-9 显示了各量表及各变量维度的 Cronbach's α 系数，可以看出各量表及分维度的信度都较高，均在 0.7 以上，说明各问卷具有较高的内部一致性，稳定性较好，量表可用作进一步的研究。

表 5-9　正式问卷 Cronbach's α 信度系数表

各量表及维度名称	项目数	Cronbach's α 系数
变革型领导	18	.929
魅力领导	6	.835
感召力	4	.852
智力激发	4	.893
个性化关怀	4	.817
交易型领导	10	.716
权变奖励	4	.782
积极例外管理	3	.833
消极例外管理	3	.879
放任型领导	4	.881
组织创新气氛	25	.941
愿景	7	.890
参与安全性	4	.810
支持创新	5	.879
任务导向	5	.838
互动频率	4	.813
组织创新	13	.919
管理创新	6	.897
技术创新	7	.867

5.3.2　效度检验

为了验证各研究变量的结构模型，在之前预测试的探索性因素分析基础上，对数据作验证性因子分析（Confirmatory Factor Analysis，CFA），对各变量的结构进行拟合，确定最佳模型。

根据专家建议，选取了一些有代表性的拟合指数进行比较。RMSEA 表示近似均方根残差（Root Mean Square Error of Approximation）；GFI 表示拟合优度指数（Goodness of Fit Index）；NNFI 表示非正态化拟合指标（Non-Normed Fit Index）；CFI 表示比较拟合指标（Comparative Fit Index）；IFI 表示增值拟合指标（Incremental Fit Index）。Steiger（1990）认为，RMSEA 低于 0.1 表示好的拟合；低于 0.05 表示非常好的拟合；低于 0.01 表示非常出色的拟合。一般认为，如果 RMSEA 越小越好，GFI、NNFI、CFI 和 IFI 在 0.9 以上（越大越好），所拟合的是一个好模型（侯杰泰等，2004）。

（1）变革型领导结构模型

参照上述拟合指数优化标准，由表 5-10 对变革型领导的验证性因素分析的结果可知，变革型领导的四因素模型最好，各拟合指数达到较高水平。图 5-1 显示的是变革型领导四因素模型的完全标准化解。各因子在四因素模型上的负荷系数分布在 0.53-0.82 之间，说明模型较为理想。验证了变革型领导由魅力领导、感召力、智力激发、个性化关怀四个维度组成。

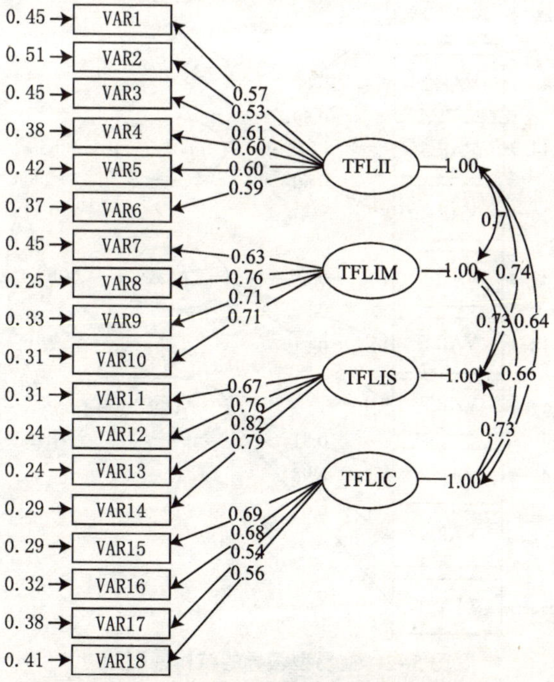

图 5-1　变革型领导的结构模型图

注：图中的 Var1-18 分别代表 18 个变革型领导风格特征；TFLII、TFLIM、TFLIS、TFLIC 分别代表变革型领导的魅力领导、感召力、智力激发和个性化关怀四个维度。

表 5-10　变革型领导验证性因素分析结果（18 个项目，N=577）

模型	χ^2	df	χ^2/df	RMSEA	GFI	NNFI	CFI	IFI
虚拟	16377.66	153						
单因素	1595.91	135	11.82	0.14	0.76	0.92	0.93	0.93
四因素	465.18	129	3.60	0.069	0.91	0.98	0.98	0.98

（2）交易型领导结构模型

对照表 5-11 中对交易型领导的验证性因素分析的结果可知，交易型领导的三因素模型最好，各拟合指数达到较高水平。图 5-2 显示的是交易型领导三因素模型的完全标准化解。各因子在四因素模型上的负荷系数分布在 0.59-0.98 之间，说明模型较为理想。验证了交易型领导由权变奖励、积极例外管理、消极例外管理三个维度组成。

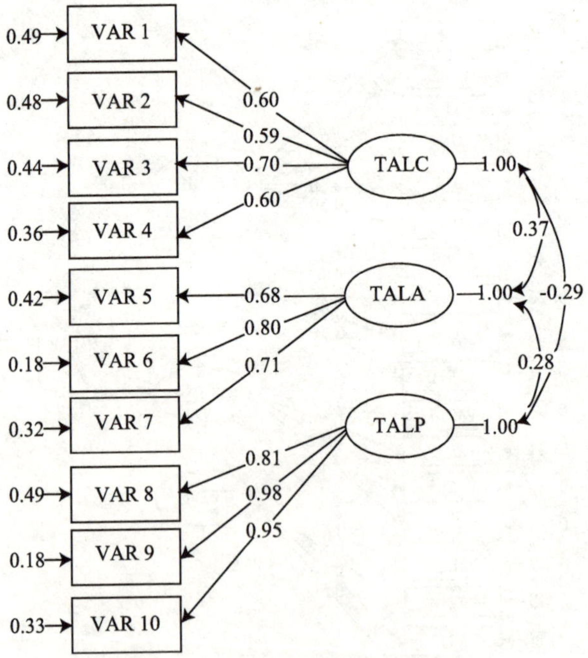

图 5-2　交易型领导的结构模型图

注：图中的 Var1-10 分别代表 10 个交易型领导风格特征；TALC、TALA、TALP 分别代表交易型领导的权变奖励、积极例外管理、消极例外管理三个维度。

表 5-11 交易型领导验证性因素分析结果（10 个项目，N=577）

模型	χ^2	df	χ^2/df	RMSEA	GFI	NNFI	CFI	IFI
虚拟	3160.12	45						
单因素	2058.25	35	58.80	0.32	0.58	0.31	0.46	0.46
三因素	150.06	32	4.68	0.08	0.95	0.95	0.96	0.96

（3）放任型领导结构模型

由表 5-12 对放任型领导的验证性因素分析的结果可知，放任型领导的单因素模型合适。各因子在单因素模型上的负荷系数分布在 0.77-0.92 之间，说明模型较理想。

表 5-12 放任型领导验证性因素分析结果（4 个项目，N=577）

模型	χ^2	df	χ^2/df	RMSEA	GFI	NNFI	CFI	IFI
虚拟	1474.49	6						
单因素	13.44	2	6.72	0.10	0.99	0.98	0.99	0.99

（4）组织创新气氛结构模型

对照表 5-13 对组织创新气氛的验证性因素分析的结果可知，组织创新气氛的五因素模型最好，各拟合指数达到较好水平。各因子在五因素模型上的负荷系数分布在 0.54-0.73 之间，说明模型较为理想。验证了组织创新气氛由愿景、参与安全性、支持创新、任务导向、互动频率五个维度组成。

表 5-13 组织创新气氛验证性因素分析结果（25 个项目，N=577）

模型	χ^2	df	χ^2/df	RMSEA	GFI	NNFI	CFI	IFI
虚拟	30212.69	300						
单因素	2684.17	175	15.33	0.12	0.73	0.93	0.94	0.94
五因素	1361.3	265	5.13	0.08	0.84	0.96	0.96	0.96

（5）组织创新结构模型

由表 5-14 对组织创新的验证性因素分析的结果可知，组织创新的两因素模型最好，各拟合指数达到较高水平。图 5-3 显示的各因子在两因素模型上的负荷系数分布在 0.60-0.75 之间，说明模型较为理想。验证了组织创新由管理创新和技术创新两个维度组成。

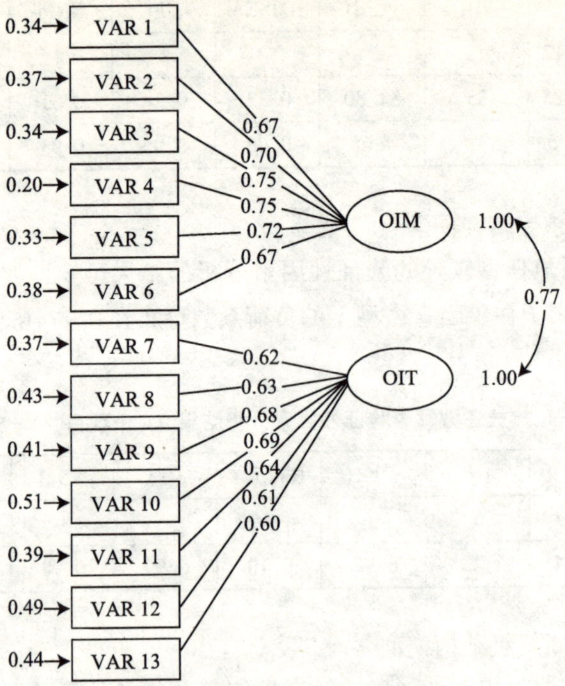

图 5-3　组织创新的结构模型图

注：图中的 Var1-13 分别代表 13 个组织创新特征；OIM、OIT 分别代表组织创新的管理创新和技术创新两个维度。

表 5-14　组织创新验证性因素分析结果（13 个项目，N=577）

模型	χ^2	df	χ^2/df	RMSEA	GFI	NNFI	CFI	IFI
虚拟	10110. 51	78						
单因素	957. 40	65	14. 72	0. 145	0. 80	0. 92	0. 93	0. 93
两因素	420. 84	64	6. 57	0. 08	0. 90	0. 96	0. 97	0. 97

5.4　本章小结

本章主要关注数据的收集和评估。在数据收集方面，由于本研究的变量都为组织层次的，对于样本数量有要求，所以选择了 120 家组织。为了更准确获得每个组织的信息，每个组织选择 6-10 人进行调查，其中包括一半的普通员工和一半的管理者。最后，获取了 108 个有效组织样本、577 份有效问卷作为后续研究的数据。对这些数据进行描述性统计分析，发现从样本的人口统计特征与所在组织的统计特征来看，获得的数据具有一定的代表性，满足研究的需求。用这些数据对正式问卷信效度进行检验，发现问卷信效度良好，验证性因子分析的结果表明各变量的结构模型与设想中的一致。

6　假设检验与结果分析

本章在对变量进行描述性统计分析和相关分析基础上，主要侧重对研究假设的检验，包括：采用方差分析对控制变量（单位性质、单位规模、单位效益、被调查者的人口学特征变量等）的效用进行检验；检验变革型领导、交易型领导、放任型领导与组织创新（管理创新、技术创新）之间的关系；检验组织创新气氛在领导风格与组织创新之间的中介作用；检验组织变革内容、幅度及速度对领导风格与组织创新关系的调节作用。

6.1　变量的描述性统计分析与相关分析

在用数据进行假设检验之前，需要对相应的变量进行处理。由于本研究中的因变量、过程变量都是不可直接观测的潜变量，需要进行重新赋值。本研究中采用计算潜变量的均值作为变量值。表6-1列出了因变量、中介变量、自变量等变量赋值后的描述性统计分析结果。

表6-1　潜变量赋值后的描述性统计分析

变量	N	最小值	最大值	均值	标准差
魅力领导	577	1.00	5.00	3.72	0.66
感召力	577	1.00	5.00	3.71	0.76
智力激发	577	1.00	5.00	3.69	0.80
个性化关怀	577	1.00	5.00	3.46	0.69
变革型领导	577	1.06	5.00	3.65	0.61
权变奖励	577	1.00	5.00	3.57	0.71
积极例外管理	577	1.00	5.00	3.19	0.80
消极例外管理	577	1.00	5.00	2.60	0.97

续表

变量	N	最小值	最大值	均值	标准差
交易型领导	577	1.86	4.75	3.12	0.53
放任型领导	577	1.00	5.00	2.59	0.93
愿景	577	1.57	5.00	3.68	0.61
参与安全性	577	1.00	5.00	3.58	0.70
支持创新	577	1.00	5.00	3.51	0.70
任务导向	577	1.00	5.00	3.54	0.69
互动频率	577	1.25	5.00	3.71	0.64
组织创新气氛	577	1.33	5.00	3.60	0.54
管理创新	577	1.00	5.00	3.38	0.75
技术创新	577	1.00	5.00	3.39	0.68
组织创新	577	1.00	5.00	3.39	0.66
组织变革内容	577	1.28	4.44	3.42	0.51
组织变革幅度	577	1.20	5.00	3.10	0.73
组织变革速度	577	1.00	5.00	3.49	0.66
组织变革	577	1.23	4.68	3.34	0.52

对变革型领导及各维度、交易型领导及各维度、放任型领导及各维度、组织创新气氛及各维度、组织创新及各维度与组织变革及各维度做偏相关分析，得到表6-2所示的简单相关矩阵。可以看出，变革型领导各维度、交易型领导的权变奖励维度、组织创新气氛各维度都与组织创新有很高的正相关，初步验证了之前的假设。

表6-2 潜变量赋值后的相关系数矩阵

	1	2	3	4	5	6	7	8	9	10	11	12	13	14	15	16	17	18
1Tflii	1																	
2Tflim	.63	1																
3Tflis	.63	.64	1															
4Tflic	.51	.54	.62	1														
5Tfl	.82	.85	.88	.80	1													

续表

	1	2	3	4	5	6	7	8	9	10	11	12	13	14	15	16	17	18
6Talc	.55	.56	.66	.70	.74	1												
7Tala	.23	.18	.27	.37	.31	.33	1											
8Talp	-.37	-.36	-.37	-.21	-.39	-.23	.25	1										
9Tal	.14	.12	.21	.37	.25	.47	.80	.63	1									
10Lfl	-.41	-.38	-.35	-.17	-.39	-.23	.23	.82	.51	1								
11Tciv	.56	.48	.54	.47	.61	.49	.22	-.28	.16	-.30	1							
12Tcis	.54	.48	.55	.47	.61	.55	.20	-.29	.17	-.26	.62	1						
13Tcii	.53	.51	.53	.47	.61	.50	.32	-.16	.29	-.15	.65	.62	1					
14Tcit	.48	.46	.51	.53	.60	.54	.35	-.13	.33	-.14	.62	.61	.68	1				
15Tcif	.43	.33	.34	.31	.42	.33	.19	-.12	.17	-.13	.39	.45	.47	.45	1			
16Tci	.63	.57	.62	.56	.71	.60	.32	-.24	.28	-.24	.81	.83	.86	.84	.68	1		
17Omi	.46	.51	.54	.45	.59	.52	.27	-.18	.26	-.16	.51	.52	.57	.55	.40	.64	1	
18Oti	.47	.50	.55	.41	.58	.51	.24	-.17	.24	-.14	.47	.58	.57	.53	.45	.65	.68	1
19Oi	.51	.55	.60	.47	.64	.56	.28	-.19	.28	-.17	.54	.60	.63	.59	.46	.70	.92	.91

注：所有潜变量的相关系数在 0.01 水平上显著（双尾检验）。Tflii、Tflim、Tflis、Tflic 分别代表变革型领导的魅力领导、感召力、智力激发和个性化关怀等维度；Talc、Tala、Talp 分别代表交易型领导的权变奖励、积极例外管理和消极例外管理等维度；Lfl 代表放任型领导；Tciv、Tcis、Tcii、Tcit、Tcif 分别代表组织创新气氛的愿景、参与安全性、支持创新、任务导向和互动频率等维度；Omi、Oti 分别代表组织创新的管理创新和技术创新维度。

6.2 控制变量影响作用的方差分析

由于中介变量和结果变量在受到自变量的影响之外，还有可能受到其他变量的影响，本研究中将这些可能的变量作为控制变量来处理。本研究中的控制变量主要有两大类：一类是组织层面的变量，如组织性质、组织规模、组织效益等；另一类是人口学特征变量，如性别、年龄、任职时间、职位、学历等。通过对这些控制变量进行方差检验，以确定在之后的假设检验中，这些变量是否应该进入模型进行分析，提高研究结论的可靠性。

本研究运用 SPSS13.0 软件中的一元方差分析法（One - way Analysis of Variances，简称 ANOVA）对控制变量的影响进行判断。单因素方差分析是检验单一因素影响的一个（或几个相互独立的）因变量，判断在因素各水平分组的均值之间的差异是否具有统计意义，并可以进行两两组间均值的比较，即组间均值的多重比较。

6.2.1 组织特征变量的影响分析

（1）组织性质的影响分析

本研究将组织性质按照所有制形式分为五种，1–5 分别表示：国有企业、民营企业、中外合资、外资企业、事业单位。表 6–3 列出的是通过一元方差分析得出的各个变量在组织性质上的差异。从 ANOVA 结果可以看出，仅技术创新、组织创新两个变量的显著性概率小于 0.05，意味着不同性质的组织对技术创新和组织创新有显著影响。对这两个变量采用 LSD（Least significant difference）进行方差多重比较，结果如表 6–4 所示，中外合资企业在技术创新上显著高于国有企业、民营企业、外资企业和事业单位。由于组织创新包含了技术创新，所以表现出中外合资企业在组织创新上也显著高于国有企业、民营企业和事业单位。这与我们平时观测到的现象是相符的：中外合资企业、外企对创新比较重视并付诸实践；而国企、民企、事业单位由于受内部机制或创新成本的影响，即使有创新意愿或动机，在实施过程中也比较困难。

表 6–3 基于组织性质的 ANOVA 结果

变量		平方和	自由度	均方	F	Sig.
愿景	组内	2.876	4	.719	1.918	.106
	组间	214.463	572	.375		
	合计	217.339	576			
参与安全性	组内	4.472	4	1.118	2.311	.057
	组间	276.648	572	.484		
	合计	281.120	576			
支持创新	组内	2.802	4	.701	1.430	.223
	组间	280.307	572	.490		
	合计	283.109	576			

续表

变量		平方和	自由度	均方	F	Sig.
任务导向	组内	4.432	4	1.108	2.359	.052
	组间	268.635	572	.470		
	合计	273.067	576			
互动频率	组内	3.648	4	.912	2.221	.065
	组间	234.810	572	.411		
	合计	238.458	576			
组织创新气氛	组内	2.581	4	.645	2.246	.063
	组间	164.323	572	.287		
	合计	166.904	576			
管理创新	组内	4.846	4	1.211	2.188	.069
	组间	316.736	572	.554		
	合计	321.582	576			
技术创新	组内	6.124	4	1.531	3.320	.011
	组间	263.775	572	.461		
	合计	269.899	576			
组织创新	组内	4.948	4	1.237	2.912	.021
	组间	242.983	572	.425		
	合计	247.931	576			

表6-4 基于组织性质的方差多重比较（LSD）结果

变量	(I) 组织性质	(J) 组织性质	均值差（I-J）	标准误	Sig.
技术创新	1	3	-.350*	.118	.003
	2	3	-.374*	.108	.001
	3	4	.273*	.137	.047
		5	.401*	.129	.002
组织创新	1	3	-.237*	.113	.036
	2	3	-.317*	.104	.002
	3	5	.355*	.123	.004

（2）组织规模的影响分析

本研究将组织规模按照员工人数分为五个层次，1-5 分别表示：30 人以下，31-100 人，101-300 人，301-500 人，500 人以上。根据表 6-5 显示的 ANOVA 结果，组织规模在支持创新、任务导向和管理创新方面有显著的影响。对这三个变量运用 LSD 进行多重方差比较，结果如表 6-6 所示。30 人以下、31-100 人、101-300 人规模的企业在支持创新方面显著比 500 人以上规模的企业好；30 人以下、31-100 人规模的企业在任务导向和管理创新方面也显著高于 500 人以上规模的企业。进一步对数据分析发现，30 人以下、31-100 人、101-300 人规模的企业中，民营企业、外资企业、中外合资企业所占比重较大。调研中小规模的民企大部分是高科技企业，而外企、中外合资企业创新又比较突出，所以会产生规模小的企业在创新方面优于规模大的企业。

表 6-5　基于组织规模的 ANOVA 结果

变量		平方和	自由度	均方	F	Sig.
愿景	组内	1.796	4	0.449	1.191	0.313
	组间	215.544	572	0.377		
	合计	217.339	576			
参与安全性	组内	2.464	4	0.616	1.265	0.283
	组间	278.656	572	0.487		
	合计	281.120	576			
支持创新	组内	6.154	4	1.539	3.178	0.013
	组间	276.954	572	0.484		
	合计	283.109	576			
任务导向	组内	5.890	4	1.472	3.152	0.014
	组间	267.177	572	0.467		
	合计	273.067	576			
互动频率	组内	2.108	4	0.527	1.275	0.278
	组间	236.349	572	0.413		
	合计	238.458	576			

续表

变量		平方和	自由度	均方	F	Sig.
组织创新气氛	组内	1.460	4	.365	1.262	.284
	组间	165.444	572	.289		
	合计	166.904	576			
管理创新	组内	5.612	4	1.403	2.540	.039
	组间	315.970	572	.552		
	合计	321.582	576			
技术创新	组内	1.327	4	.332	.706	.588
	组间	268.572	572	.470		
	合计	269.899	576			
组织创新	组内	2.740	4	.685	1.598	.173
	组间	245.191	572	.429		
	合计	247.931	576			

表 6-6　基于组织规模的方差多重比较（LSD）结果

变量	（I）组织规模	（J）组织规模	均值差（I-J）	标准误	Sig.
支持创新	1	5	.310*	.102	.003
	2	5	.179*	.075	.018
	3	5	.207*	.082	.012
任务导向	1	5	.288*	.100	.004
	2	5	.220*	.074	.003
管理创新	1	5	.266*	.109	.015
	2	5	.215*	.081	.008

（3）组织效益的影响分析

本研究将组织效益按照好坏分为五个层次，1-5 分别表示：很好、较好、中等、较差、很差。一元方差分析的结果显示，组织效益在各个变量上都有显著的影响，如表 6-7 所示。对这些变量运用 LSD 进行多重方差比较，结果如表 6-8 所示。除任务导向、互动频率、组织创新三个方面有少许变动之外，愿景、参与安全性、支持创新、组织创新气氛、技术创新、管理创新等变量上都是这样的情况：效益很好、效益较好、效益中等的组织都显著高于效益较差、效益很差的组织；效益较差的组织又显著高于效益很差的组织。

表6-7 基于组织效益的ANOVA结果

变量		平方和	自由度	均方	F	Sig.
愿景	组内	35.240	4	8.810	27.674	0.000
	组间	182.099	572	0.318		
	合计	217.339	576			
参与安全性	组内	53.709	4	13.427	33.773	0.000
	组间	227.411	572	0.398		
	合计	281.120	576			
支持创新	组内	30.064	4	7.516	16.990	0.000
	组间	253.044	572	0.442		
	合计	283.109	576			
任务导向	组内	39.812	4	9.953	24.407	0.000
	组间	233.255	572	0.408		
	合计	273.067	576			
互动频率	组内	35.180	4	8.795	24.748	0.000
	组间	203.277	572	0.355		
	合计	238.458	576			
组织创新气氛	组内	37.042	4	9.260	40.789	0.000
	组间	129.862	572	0.227		
	合计	166.904	576			
管理创新	组内	51.999	4	13.000	27.583	0.000
	组间	269.583	572	0.471		
	合计	321.582	576			
技术创新	组内	36.703	4	9.176	22.507	0.000
	组间	233.196	572	0.408		
	合计	269.899	576			
组织创新	组内	43.687	4	10.922	30.587	0.000
	组间	204.244	572	0.357		
	合计	247.931	576			

表 6-8　基于组织效益的方差多重比较（LSD）结果

变量	（I）组织效益	（J）组织效益	均值差（I-J）	标准误	Sig.
愿景	1	4	0.545*	0.150	0.000
		5	1.368*	0.169	0.000
	2	4	0.603*	0.128	0.000
		5	1.426*	0.150	0.000
	3	4	0.573*	0.129	0.000
		5	1.396*	0.150	0.000
	4	5	0.823*	0.191	0.000
参与安全性	1	4	0.420*	0.168	0.013
		5	1.827*	0.190	0.000
	2	4	0.465*	0.143	0.001
		5	1.872*	0.167	0.000
	3	4	0.438*	0.144	0.002
		5	1.845*	0.168	0.000
	4	5	1.407*	0.213	0.000
支持创新	1	4	0.421*	0.177	0.018
		5	1.289*	0.199	0.000
	2	4	0.494*	0.151	0.001
		5	1.362*	0.176	0.000
	3	4	0.433*	0.152	0.004
		5	1.301*	0.177	0.000
	4	5	0.869*	0.225	0.000
任务导向	1	4	0.518*	0.170	0.002
	2	3	0.187*	0.0577	0.001
		4	0.535*	0.145	0.000
		5	1.557*	0.169	0.000
	3	4	0.347*	0.146	0.017
		5	1.370*	0.170	0.000
	4	5	1.023*	0.216	0.000

续表

变量	(I) 组织效益	(J) 组织效益	均值差 (I-J)	标准误	Sig.
互动频率	1	2	.194*	.098	.048
		4	.389*	.159	.015
		5	1.663*	.179	.000
	2	5	1.469*	.158	.000
	3	5	1.515*	.159	.000
	4	5	1.274*	.202	.000
组织创新气氛	1	4	.4582*	.1262	.000
		5	1.537*	.143	.000
	2	4	.458*	.107	.000
		5	1.537*	.126	.000
	3	4	.406*	.108	.000
		5	1.485*	.127	.000
	4	5	1.079*	.161	.000
管理创新	1	5	1.616*	.205	.000
	2	4	.553*	.155	.000
		5	1.828*	.182	.000
	3	4	.446*	.156	.004
		5	1.721*	.182	.000
	4	5	1.274*	.232	.000
技术创新	1	5	1.356*	.191	.000
	2	4	.444*	.144	.002
		5	1.505*	.169	.000
	3	4	.448*	.145	.002
		5	1.510*	.170	.000
	4	5	1.061*	.215	.000
组织创新	1	4	.318*	.159	.046
		5	1.486*	.179	.000
	2	4	.499*	.135	.000
		5	1.667*	.158	.000
	3	4	.447*	.136	.001
		5	1.615*	.159	.000
	4	5	1.167*	.202	.000

6.2.2 人口学特征变量的影响分析

(1) 性别的影响分析

人口学特征变量中，性别是一个很重要的影响因素，本研究基于性别对各个变量的影响做一元方差分析，结果如表 6-9 所示。发现性别在各个变量上都没有显著的影响，在接下来的假设检验中，可以忽略这一因素。

表 6-9 基于性别的 ANOVA 结果

变量		平方和	自由度	均方	F	Sig.
愿景	组内	.018	1	.018	.048	.827
	组间	217.321	575	.378		
	合计	217.339	576			
参与安全性	组内	.564	1	.564	1.157	.283
	组间	280.556	575	.488		
	合计	281.120	576			
支持创新	组内	.016	1	.016	.032	.859
	组间	283.093	575	.492		
	合计	283.109	576			
任务导向	组内	.360	1	.360	.760	.384
	组间	272.706	575	.474		
	合计	273.067	576			
互动频率	组内	.011	1	.011	.026	.871
	组间	238.447	575	.415		
	合计	238.458	576			
组织创新气氛	组内	.057	1	.057	.198	.657
	组间	166.847	575	.290		
	合计	166.904	576			
管理创新	组内	.012	1	.012	.022	.883
	组间	321.570	575	.559		
	合计	321.582	576			

续表

变量		平方和	自由度	均方	F	Sig.
技术创新	组内	.001	1	.001	.003	.957
	组间	269.898	575	.469		
	合计	269.899	576			
组织创新	组内	.001	1	.001	.003	.956
	组间	247.930	575	.431		
	合计	247.931	576			

（2）职位的影响分析

员工在组织中所处的职位会影响到他对组织的看法，本研究中将员工的职位分为四个等级，1-4分别表示：基层员工、基层管理者、中层管理者和高层管理者。对职位进行一元方差分析，结果如表6-10所示。职位在愿景、参与安全性、支持创新、组织创新气氛、管理创新、技术创新、组织创新等变量上有显著的影响。对这七个变量运用LSD进行多重方差比较，结果如表6-11所示。基层员工和基层管理者在愿景和参与安全性方面都显著低于中层管理者和高层管理者；在支持创新方面基层员工显著低于中层管理者；在组织创新气氛方面基层员工显著低于中层管理者和高层管理者，基层管理者也显著低于高层管理者；在管理创新和组织创新方面基层员工和基层管理者都显著低于中层管理者；在技术创新方面基层员工显著低于中层管理者和高层管理者。与国外提出的"技术创新由下而上，管理创新由上到下"的创新方式不一致的地方在于：国内企业无论管理创新还是技术创新都是由上而下。领导注重制定创新的政策，却不落实到如何推动创新的行为上，这就造成基层员工、基层管理者总不能很好地理解组织创新的真正内容、目的、手段等。说到底就是组织中的执行力差。中高层管理者是掌权者，他们从战略的角度更容易产生创新的愿望和感受，无论制定什么政策都是要先以保护他们的利益为基础。基层员工参与创新是需要成本和代价的，如果组织对基层员工的考核、奖励、晋升都是对日常工作进行的，那就会导致创新气氛弱化、创新的成果减少。

表 6-10 基于职位的 ANOVA 结果

变量		平方和	自由度	均方	F	Sig.
愿景	组内	7.617	3	2.539	6.937	.000
	组间	209.723	573	.366		
	合计	217.339	576			
参与安全性	组内	7.018	3	2.339	4.890	.002
	组间	274.102	573	.478		
	合计	281.120	576			
支持创新	组内	5.235	3	1.745	3.598	.013
	组间	277.874	573	.485		
	合计	283.109	576			
任务导向	组内	3.268	3	1.089	2.314	.075
	组间	269.798	573	.471		
	合计	273.067	576			
互动频率	组内	1.426	3	.475	1.149	.329
	组间	237.032	573	.414		
	合计	238.458	576			
组织创新气氛	组内	4.440	3	1.480	5.220	.001
	组间	162.464	573	.284		
	合计	166.904	576			
管理创新	组内	9.661	3	3.220	5.916	.001
	组间	311.921	573	.544		
	合计	321.582	576			
技术创新	组内	5.842	3	1.947	4.225	.006
	组间	264.057	573	.461		
	合计	269.899	576			
组织创新	组内	7.477	3	2.492	5.939	.001
	组间	240.454	573	.420		
	合计	247.931	576			

表 6-11　基于职位的方差多重比较（LSD）结果

变量	（I）职位	（J）职位	均值差（I-J）	标准误	Sig.
愿景	1	3	-.267*	.068	.000
		4	-.440*	.160	.006
	2	3	-.171*	.076	.025
		4	-.343*	.163	.036
参与安全性	1	3	-.253*	.078	.001
		4	-.432*	.182	.018
	2	3	-.191*	.087	.029
		4	-.369*	.186	.049
支持创新	1	3	-.216*	.078	.006
组织创新气氛	1	3	-.194*	.060	.001
		4	-.368*	.140	.009
	2	4	-.295*	.143	.041
管理创新	1	3	-.340*	.083	.000
	2	3	-.209*	.092	.025
技术创新	1	3	-.237*	.076	.002
		4	-.363*	.179	.043
组织创新	1	3	-.289*	.073	.000
	2	3	-.171*	.081	.036

（3）学历的影响分析

员工的教育背景会影响到他的价值观，本研究中将员工的学历分为五个等级，1-5 分别表示：高中以下、中专或高中、大专、本科、硕士及以上。基于学历的一元方差分析结果如表 6-12 所示，学历对愿景、支持创新、任务导向、组织创新气氛等变量有显著的影响。对这四个变量运用 LSD 进行多重方差比较，结果如表 6-13 所示。在愿景、支持创新、任务导向和组织创新方面，高中以下学历的均值显著高于中专或高中学历、大专学历、本科学历、硕士及以上学历的均值；在支持创新方面中专或高中学历的均值显著高于大专、硕士及以上学历的均值；在任务导向方面中专或高中学历的均值显著高于硕士及以上学历的均值。总体上看，学历越高，对组织创新气氛的感知越低。相对而言，学历低的员工在组织中会比较安于现状，按部就班去完成上级分配的任务，他们在这样的创新氛围中并不会感觉到有很大的压力。而学历高的员工会希望通过不断提升自己的能力从而得到领导的赏识，并获得升职的机会。他们危机感重，更容易产生落差：要求越高失望越大。

表 6-12　基于学历的 ANOVA 结果

变量		平方和	自由度	均方	F	Sig.
愿景	组内	4.847	4	1.212	3.262	0.012
	组间	212.492	572	0.371		
	合计	217.339	576			
参与安全性	组内	3.898	4	0.974	2.011	0.092
	组间	277.222	572	0.485		
	合计	281.120	576			
支持创新	组内	10.974	4	2.744	5.767	0.000
	组间	272.135	572	0.476		
	合计	283.109	576			
任务导向	组内	7.006	4	1.751	3.765	0.005
	组间	266.061	572	0.465		
	合计	273.067	576			
互动频率	组内	2.578	4	0.644	1.563	0.183
	组间	235.880	572	0.412		
	合计	238.458	576			
组织创新气氛	组内	3.525	4	0.881	3.086	0.016
	组间	163.378	572	0.286		
	合计	166.904	576			
管理创新	组内	3.311	4	0.828	1.488	0.204
	组间	318.271	572	0.556		
	合计	321.582	576			

续表

变量		平方和	自由度	均方	F	Sig.
技术创新	组内	1.996	4	.499	1.065	.373
	组间	267.903	572	.468		
	合计	269.899	576			
组织创新	组内	2.375	4	.594	1.383	.238
	组间	245.556	572	.429		
	合计	247.931	576			

表6-13 基于学历的方差多重比较（LSD）结果

变量	（I）学历	（J）学历	均值差（I-J）	标准误	Sig.
愿景	1	2	.65557*	.22964	.004
		3	.70690*	.22025	.001
		4	.59027*	.21886	.007
		5	.68135*	.22641	.003
支持创新	1	2	.74364*	.25987	.004
		3	.95349*	.24925	.000
		4	.91319*	.24768	.000
		5	1.08734*	.25622	.000
	2	3	.20985*	.10355	.043
		5	.34369*	.11934	.004
任务导向	1	2	.59703*	.25696	.021
		3	.72751*	.24646	.003
		4	.74823*	.24490	.002
		5	.87500*	.25334	.001
	2	5	.27797*	.11800	.019
组织创新气氛	1	2	.56450*	.20136	.005
		3	.63624*	.19313	.001
		4	.58616*	.19191	.002
		5	.66121*	.19853	.001

（4）年龄、任职时间的影响分析

员工的年龄及在所调查单位任职时间（工龄）是会影响员工的忠诚度及对组织文化的认知的。本研究中对员工的年龄和任职时间的调查是由员工自己填写实际的数字。将年龄及工龄作为离散变量处理，采用ANOVA进行分析，结果如表6-14、表6-15所示，年龄和工龄在各个变量上都没有显著影响，所以在接下来的假设检验中将忽略这二者的影响。

表6-14　基于年龄的ANOVA结果

变量		平方和	自由度	均方	F	Sig.
愿景	组内	16.224	31	.523	1.418	.069
	组间	201.115	545	.369		
	合计	217.339	576			
参与安全性	组内	12.194	31	.393	.797	.776
	组间	268.926	545	.493		
	合计	281.120	576			
支持创新	组内	15.445	31	.498	1.014	.447
	组间	267.664	545	.491		
	合计	283.109	576			
任务导向	组内	12.164	31	.392	.820	.745
	组间	260.903	545	.479		
	合计	273.067	576			
互动频率	组内	11.445	31	.369	.886	.646
	组间	227.013	545	.417		
	合计	238.458	576			
组织创新气氛	组内	9.051	31	.292	1.008	.457
	组间	157.853	545	.290		
	合计	166.904	576			
管理创新	组内	17.029	31	.549	.983	.495
	组间	304.553	545	.559		
	合计	321.582	576			

续表

变量		平方和	自由度	均方	F	Sig.
技术创新	组内	14.172	31	.457	.974	.508
	组间	255.727	545	.469		
	合计	269.899	576			
组织创新	组内	12.742	31	.411	.952	.543
	组间	235.190	545	.432		
	合计	247.931	576			

表 6-15　基于工龄的 ANOVA 结果

变量		平方和	自由度	均方	F	Sig.
愿景	组内	6.656	25	.266	.696	.863
	组间	210.684	551	.382		
	合计	217.339	576			
参与安全性	组内	8.892	25	.356	.720	.839
	组间	272.228	551	.494		
	合计	281.120	576			
支持创新	组内	8.736	25	.349	.702	.858
	组间	274.373	551	.498		
	合计	283.109	576			
任务导向	组内	9.381	25	.375	.784	.764
	组间	263.686	551	.479		
	合计	273.067	576			
互动频率	组内	9.783	25	.391	.943	.545
	组间	228.674	551	.415		
	合计	238.458	576			
组织创新气氛	组内	5.231	25	.209	.713	.846
	组间	161.673	551	.293		
	合计	166.904	576			

续表

变量		平方和	自由度	均方	F	Sig.
管理创新	组内	10.437	25	.417	.739	.818
	组间	311.145	551	.565		
	合计	321.582	576			
技术创新	组内	11.267	25	.451	.960	.520
	组间	258.632	551	.469		
	合计	269.899	576			
组织创新	组内	8.580	25	.343	.790	.757
	组间	239.351	551	.434		
	合计	247.931	576			

6.3 考虑控制变量影响的回归分析

在方差分析的基础上，可以判断出：组织性质、组织规模、组织效益，员工的职位、学历等因素对愿景、参与安全性、支持创新、任务导向、互动频率、组织创新气氛、管理创新、技术创新、组织创新等变量有显著的影响。所以在自变量对过程变量、因变量的影响中要控制这些因素。

由于方差分析的结果无法精确给出这些控制变量的影响效应，而且在结构方程中也不能明确控制这些变量，所以有必要对控制变量的影响进一步研究。通过采用层级回归法，探索这些因素对组织创新气氛及组织创新等要素的影响效应。做法是：在回归方程的第一层先对这些控制变量进行分析，在回归方程的第二层再纳入预测变量（变革型领导、交易型领导、放任型领导、组织创新气氛等）。

在分析前需要进行模型评估，首先进行序列相关检验和多重共线性检验，本研究采用DW（Durbin-watson）统计量进行序列相关问题的检验，一般建议DW值约等于2时，可以认定样本数据不存在序列相关。其次，采用容许度（Tolerance）和方差膨胀因子（Variance inflation factor）进行多重共线性检验，对应的统计量分别为TOL和VIF，一般认为，当容许度大于0.1，方差膨胀因子小于10时，自变量的多重共线性不大（郭志刚，1999）。按照上述标准，分别对各个模型进行序列相关的DW检验和多重共线性的TOL和VIF检验，只有当结果显示进入模型的各个变量不存在严重的序列相关和多重共线性时，各个方程的回归结果才是可以接受的。

6.3.1 关于组织创新气氛的回归分析

将对组织创新气氛有影响的职位、学历、组织规模、组织效益等控制变量引入回归方程的第一层，再将魅力领导、感召力、智力激发、个性化关怀、权变奖励、积极例外管理、消极例外管理、放任型领导等领导风格变量引入回归方程的第二层。经过序列相关的 DW 检验和多重共线性的 TOL 和 VIF 检验，DW 值及 TOL、VIF 值都在允许的范围之内，说明进入模型的各个变量不存在严重的序列相关和多重共线性，该模型的回归结果是可以接受的。

从表 6-16 可以看出，职位、学历、组织规模、组织效益在回归方程中有显著的影响，对组织创新气氛有一定的解释能力，$R^2=0.144$。加入领导风格等因素的影响之后，回归结果显示除组织效益之外，其他几个控制变量的影响都不显著。比较各领导风格因素的回归系数及显著性，其中，魅力领导的正向影响最大（$\beta=0.314$，$p<0.001$），其次是权变奖励（$\beta=0.172$，$p<0.001$）、智力激发（$\beta=0.141$，$p<0.005$）、感召力（$\beta=0.099$，$p<0.05$）、积极例外管理（$\beta=0.085$，$p<0.05$）；个性化关怀的回归系数为正，但是没有达到显著性水平；而消极例外管理和放任型领导的回归系数为负，也没有达到显著性水平。从第二层回归的解释能力来看，R^2 达到 0.554，比第一层增加了 0.410，这意味着在加入本研究的自变量领导风格之后，方程的解释能力提高了 41.0%。回归结果说明，变革型领导、交易型领导对组织创新气氛有显著的正向影响，验证了之前的假设。放任型领导对组织创新气氛的负向影响不显著，究其原因，变革型领导与交易型领导的影响力太强而导致放任型领导的负向影响减弱。

表 6-16 控制变量、领导风格对组织创新气氛的回归结果

层级 变量	第一层			第二层			多重共线性检验			
							第一层		第二层	
	β	t	Sig	β	t	Sig	Tol	VIF	Tol	VIF
职位	.173	4.351	.000	.010	.339	.735	.954	1.048	.860	1.162
学历	-.084	-1.994	.047	-.053	-1.703	.089	.855	1.170	.816	1.226
组织规模	-.082	-1.986	.048	-.027	-.899	.369	.890	1.124	.862	1.160

续表

层级 变量	第一层			第二层			多重共线性检验			
							第一层		第二层	
组织效益	-. 324	-8. 214	. 000	-. 125	-4. 131	. 000	. 996	1. 004	. 858	1. 165
魅力领导				. 314	7. 589	. 000			. 462	2. 165
感召力				. 099	2. 397	. 017			. 462	2. 164
智力激发				. 141	3. 112	. 002			. 386	2. 588
个性化关怀				. 072	1. 665	. 096			. 423	2. 362
权变奖励				. 172	3. 887	. 000			. 405	2. 471
积极例外管理				. 085	2. 500	. 013			. 685	1. 460
消极例外管理				-. 013	-. 243	. 808			. 294	3. 407
放任型领导				. 037	. 702	. 483			. 290	3. 445
R^2	. 144			. 554			DW		1. 603	
ΔR^2				. 410						
F	24. 035			64. 836						
Sig	. 000									

6. 3. 2 关于管理创新的回归分析

(1) 领导风格对管理创新的回归

将对管理创新有影响的职位、组织规模、组织效益等控制变量引入回归方程的第一层，再将魅力领导、感召力、智力激发、个性化关怀、权变奖励、积极例外管理、消极例外管理、放任型领导等领导风格变量引入回归方程的第二层。经过序列相关的 DW 检验和多重共线性的 TOL 和 VIF 检验，DW 值及 TOL、VIF 值都在允许的范围之内，说明进入模型的各个变量不存在严重的序列相关和多重共线性，该模型的回归结果是可以接受的。

从表 6-17 可以看出，职位、组织规模、组织效益在回归方程中有显著的影响，对管理创新有一定的解释能力，$R^2=0.114$。加入领导风格等因素的影响之后，回归结果显示组织规模和组织效益的影响依然显著，只是作用减小了，而职位的影响不显著。比较各领导风格因素的回归系数及显著性，其中，智力激发的正向影响最大（$\beta=0.217$，$p<0.001$），其次是权变奖励（$\beta=0.207$，$p<0.001$）、

感召力（β=0.190，p<0.005）、魅力领导（β=0.098，p<0.05）。从第二层回归的解释能力来看，R^2达到0.398，比第一层增加了0.284，这意味着在加入本研究的自变量领导风格之后，方程的解释能力提高了28.4%。回归结果表明，变革型领导与交易型领导对管理创新有显著的正向影响，验证了之前的假设。

表6-17 控制变量、领导风格对管理创新的回归结果

层级 变量	第一层			第二层			多重共线性检验			
							第一层		第二层	
	β	t	Sig	β	t	Sig	Tol	VIF	Tol	VIF
职位	.169	4.278	.000	.038	1.112	.267	.994	1.006	.902	1.109
组织规模	-.157	-3.969	.000	-.085	-2.517	.012	.992	1.008	.941	1.063
组织效益	-.256	-6.498	.000	-.098	-2.773	.006	.996	1.004	.858	1.165
魅力领导				.098	2.041	.042			.464	2.154
感召力				.190	3.980	.000			.466	2.147
智力激发				.217	4.167	.000			.391	2.557
个性化关怀				-.041	-.817	.414			.424	2.360
权变奖励				.207	4.052	.000			.407	2.456
积极例外管理				.063	1.612	.108			.691	1.448
消极例外管理				-.025	-.413	.680			.296	3.381
放任型领导				.097	1.598	.111			.291	3.438
R^2	.114			.398			DW		1.660	
ΔR^2				.284						
F	24.494			33.390						
Sig	.000									

（2）组织创新气氛对管理创新的回归

将对管理创新有影响的职位、组织规模、组织效益等控制变量引入回归方程的第一层，再将愿景、参与安全性、支持创新、任务导向、互动频率等组织创新气氛各维度引入回归方程的第二层。经过序列相关的DW检验和多重共线性的TOL和VIF检验，DW值及TOL、VIF值都在允许的范围之内，说明进入模型的各个变量不存在严重的序列相关和多重共线性，该模型的回归结果是可以接受的。

从表6-18可以看出，加入组织创新气氛各因素的影响之后，回归结果显示职位、组织规模和组织效益的影响依然显著，只是作用减小了。比较各组织创新气氛因素的回归系数及显著性，其中，支持创新的正向影响最大（β=0.230，$p<0.001$），其次是任务导向（β=0.169，$p<0.005$）、参与安全性（β=0.134，$p<0.005$）、互动频率（β=0.101，$p<0.01$）、愿景（β=0.097，$p<0.05$）。组织创新气氛的各个维度都对管理创新有显著的正向影响。从第二层回归的解释能力来看，R^2达到0.425，比第一层增加了0.311，这意味着在加入组织创新气氛之后，方程的解释能力提高了31.1%。结果说明组织创新气氛对管理创新有显著的正向影响，验证了先前的假设。

表6-18　控制变量、组织创新气氛对管理创新的回归结果

层级 变量	第一层			第二层			多重共线性检验			
							第一层		第二层	
	β	t	Sig	β	t	Sig	Tol	VIF	Tol	VIF
职位	.169	4.278	.000	.076	2.340	.020	.994	1.006	.955	1.047
组织规模	-.157	-3.969	.000	-.081	-2.460	.014	.992	1.008	.939	1.065
组织效益	-.256	-6.498	.000	-.067	-1.977	.049	.996	1.004	.875	1.143
愿景				.097	2.079	.038			.462	2.166
参与安全性				.134	2.913	.004			.481	2.078
支持创新				.230	4.623	.000			.410	2.439
任务导向				.169	3.477	.001			.430	2.324
互动频率				.101	2.684	.007			.715	1.398
R^2	.114			.425			DW		1.591	
ΔR^2				.311						
F	24.494			61.357						
Sig	.000									

6.3.3 关于技术创新的回归分析

（1）领导风格对技术创新的回归

将对技术创新有影响的职位、组织性质、组织效益等控制变量引入回归方程的第一层，再将魅力领导、感召力、智力激发、个性化关怀、权变奖励、积极例外管理、消极例外管理、放任型领导等领导风格变量引入回归方程的第二层。经过序列相关的 DW 检验和多重共线性的 TOL 和 VIF 检验，DW 值及 TOL、VIF 值都在允许的范围之内，说明进入模型的各个变量不存在严重的序列相关和多重共线性，该模型的回归结果是可以接受的。

表 6-19 控制变量、领导风格对技术创新的回归结果

层级 变量	第一层			第二层			多重共线性检验			
							第一层		第二层	
	β	t	Sig	β	t	Sig	Tol	VIF	Tol	VIF
职位	.140	3.446	.001	.014	.411	.681	.999	1.001	.909	1.100
组织性质	-.016	-.392	.695	-.006	-.177	.859	.966	1.036	.927	1.079
组织效益	-.195	-4.717	.000	-.034	-.938	.348	.965	1.037	.835	1.198
魅力领导				.119	2.451	.015			.466	2.146
感召力				.205	4.289	.000			.477	2.098
智力激发				.276	5.229	.000			.390	2.562
个性化关怀				-.082	-1.620	.106			.423	2.364
权变奖励				.206	3.990	.000			.408	2.453
积极例外管理				.034	.859	.391			.690	1.449
消极例外管理				-.064	-1.046	.296			.295	3.395
放任型领导				.169	2.745	.006			.286	3.493
R^2	.058			.385			DW		1.725	
ΔR^2				.327						
F	11.866			37.433						
Sig	.000									

从表 6-19 可以看出，职位、组织效益在回归方程中有显著的影响，对技术创新有一定的解释能力，$R^2=0.058$。加入领导风格等因素的影响之后，回归结果显示职位和组织效益的影响都不显著。比较各领导风格因素的回归系数及显著性，其中，智力激发的正向影响最大（$\beta=0.276$，$p<0.001$），其次是权变奖励

（β=0.206，p<0.001）、感召力（β=0.205，p<0.001）、魅力领导（β=0.119，p<0.05）。从第二层回归的解释能力来看，R^2 达到 0.385，比第一层增加了 0.327，这意味着在加入本研究的自变量领导行为之后，方程的解释能力提高了 32.7%。结果表明，变革型领导与交易型领导对技术创新有显著的正向影响作用，验证了之前的假设。

（2）组织创新气氛对技术创新的回归

将对技术创新有影响的职位、组织性质、组织效益等控制变量引入回归方程的第一层，再将愿景、参与安全性、支持创新、任务导向、互动频率等组织创新气氛各维度引入回归方程的第二层。经过序列相关的 DW 检验和多重共线性的 TOL 和 VIF 检验，DW 值及 TOL、VIF 值都在允许的范围之内，说明进入模型的各个变量不存在严重的序列相关和多重共线性，该模型的回归结果是可以接受的。

表 6-20　控制变量、组织创新气氛对技术创新的回归结果

层级 变量	第一层			第二层			多重共线性检验			
							第一层		第二层	
	β	t	Sig	β	t	Sig	Tol	VIF	Tol	VIF
职位	.140	3.446	.001	.049	1.535	.125	.999	1.001	.961	1.040
组织性质	-.016	-.392	.695	-.015	-.454	.650	.966	1.036	.957	1.045
组织效益	-.195	-4.717	.000	.006	.183	.855	.965	1.037	.854	1.171
愿景				-.007	-.155	.877			.460	2.172
参与安全性				.281	6.206	.000			.483	2.070
支持创新				.226	4.621	.000			.416	2.405
任务导向				.143	3.001	.003			.437	2.287
互动频率				.153	4.112	.000			.720	1.389
R^2	.058			.437			DW		1.638	
ΔR^2				.379						
F	11.866			76.365						
Sig	.000									

从表6-20可以看出，加入组织创新气氛各因素的影响之后，回归结果显示职位和组织效益的影响都不显著。比较各组织创新气氛因素的回归系数及显著性，其中，参与安全性的正向影响最大（$\beta=0.281$，$p<0.001$），其次是支持创新（$\beta=0.226$，$p<0.001$）、互动频率（$\beta=0.153$，$p<0.001$）、任务导向（$\beta=0.143$，$p<0.005$），愿景的回归系数为负，但是没有达到显著性水平。从第二层回归的解释能力来看，R^2达到0.437，比第一层增加了0.379，这意味着在加入组织创新气氛之后，方程的解释能力提高了37.9%。结果说明组织创新气氛对技术创新有显著的正向影响，验证了先前的假设。

6.4 组织创新气氛对领导风格与组织创新关系的中介作用

本研究将通过构建结构方程模型来验证之前提出的假设，并通过理论与实际情况分析来探寻这些假设成立或不成立的内在机制或原因。

温忠麟等（2005）提出，考虑自变量X对因变量Y的影响，如果X通过影响变量M来影响Y，则称M为中介变量（mediator）。本研究的目的之一就是考虑领导风格对组织创新的影响是不是通过组织创新气氛来影响，即，检验组织创新气氛的中介效应，具体思路框架如图6-1所示。

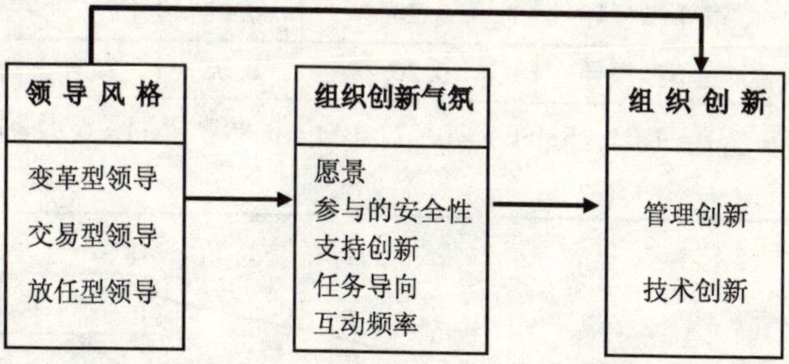

图6-1 领导风格、组织创新气氛与组织创新关系验证框架图

为了检验组织创新气氛对领导风格与组织创新关系的中介作用，将利用结构方程模型分别对变革型领导、交易型领导、放任型领导等各领导风格与组织创新气氛、组织创新进行建模，以检验领导风格对组织创新影响的作用机制。

6.4.1 组织创新气氛对变革型领导与组织创新关系的中介作用模型及判定

在表6-21显示的组织创新气氛对变革型领导与组织创新关系的中介作用模型中，卡方与自由度的比值为4.02，RMSEA的值为0.07，GFI的值为0.89，NNFI的值为0.97，CFI的值为0.98，IFI的值为0.98，以上指标基本达到可接受水平，中介作用模型成立。

依据中介作用判定条件分析：在表6-21所示的中介模型中，变革型领导对组织创新气氛的路径系数为0.82（P<0.001），组织创新气氛对管理创新、技术创新的路径系数分别为0.58（P<0.001）、0.60（P<0.001），变革型领导对管理创新、技术创新的路径系数都为0.2（P<0.001），则判定组织创新气氛对变革型领导与管理创新、技术创新的关系起部分中介作用，验证了之前的假设，模型如图6-2所示。

表6-21 变革型领导、组织创新气氛与组织创新关系的标准化路径系数（N=577）

路径		标准化路径系数	标准误差	T检验值	显著性概率
组织创新气氛	变革型领导	0.82	0.05	17.17	0.001
管理创新	组织创新气氛	0.58	0.08	7.26	0.001
技术创新	组织创新气氛	0.60	0.08	7.26	0.001
管理创新	变革型领导	0.20	0.08	2.63	0.01
技术创新	变革型领导	0.20	0.08	2.54	0.01

模型拟合指数：$\chi^2/df=4.02$；RMSEA=0.07；GFI=0.89；NNFI=0.97；CFI=0.98；IFI=0.98

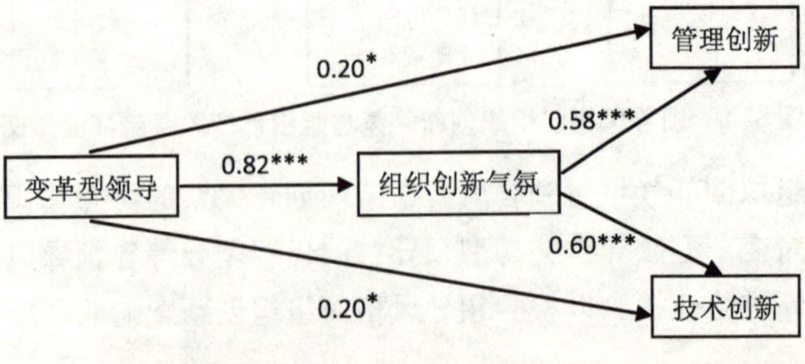

图6-2 组织创新气氛对变革型领导与组织创新中介作用的模型

6.4.2 组织创新气氛对交易型领导与组织创新关系的中介作用模型及判定

在表6-22显示的组织创新气氛对交易型领导与组织创新关系的中介作用模型中，卡方与自由度的比值为4.88，RMSEA的值为0.08，GFI的值为0.87，NNFI的值为0.96，CFI的值为0.97，IFI的值为0.97，以上指标基本达到可接受水平，此中介作用模型成立。

依据中介作用判定条件分析：在表6-22所示的中介模型中，交易型领导对组织创新气氛的路径系数为0.71（P<0.001），组织创新气氛对管理创新、技术创新的路径系数分别为0.49（P<0.001）、0.58（P<0.001），交易型领导对管理创新的路径系数为0.30（P<0.001），交易型领导对技术创新的路径系数为0.28（P<0.001），则判定组织创新气氛对交易型领导与管理创新、技术创新的关系起部分中介作用，验证了之前的假设，模型如图6-3所示。

表6-22 交易型领导、组织创新气氛与组织创新关系的标准化路径系数（N=577）

路径		标准化路径系数	标准误差	T检验值	显著性概率
组织创新气氛	交易型领导	0.71	0.05	13.28	0.001
管理创新	组织创新气氛	0.49	0.06	7.93	0.001
技术创新	组织创新气氛	0.51	0.06	7.88	0.001
管理创新	交易型领导	0.30	0.06	5.14	0.001
技术创新	交易型领导	0.28	0.06	4.65	0.001

模型拟合指数：$\chi^2/df=4.88$；RMSEA=0.08；GFI=0.87；NNFI=0.96；CFI=0.97；IFI=0.97

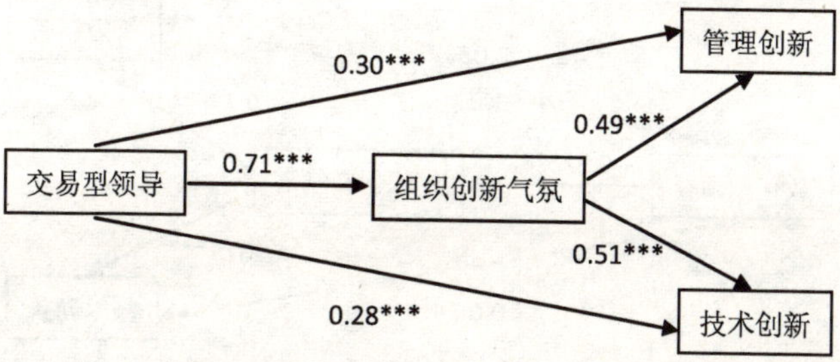

图6-3 组织创新气氛对交易型领导与组织创新中介作用的模型

6.4.3 组织创新气氛对放任型领导与组织创新关系的中介作用模型及判定

在表 6-23 显示的组织创新气氛对放任型领导与组织创新关系的中介作用模型中，卡方与自由度的比值为 4.47，RMSEA 的值为 0.07，GFI 的值为 0.87，NNFI 的值为 0.96，CFI 的值为 0.97，IFI 的值为 0.97，以上指标基本达到可接受水平，则此中介作用模型成立。

依据中介作用判定条件分析：在表 6-23 所示的中介模型中，放任型领导对组织创新气氛的路径系数为-0.27（P<0.001），组织创新气氛对管理创新路径系数为 0.77（P<0.001），组织创新气氛对技术创新路径系数为 0.79（P<0.001），放任型领导对管理创新和技术创新的路径系数都不显著，则判定组织创新气氛对放任型领导与管理创新、技术创新的关系起完全中介作用，与之前的假设一致。模型图如图 6-4 所示。

表 6-23 放任型领导、组织创新气氛与组织创新关系的标准化路径系数（N=577）

路径		标准化路径系数	标准误差	T 检验值	显著性概率
组织创新气氛	放任型领导	-0.27	0.05	-5.80	0.001
管理创新	组织创新气氛	0.77	0.05	14.57	0.001
技术创新	组织创新气氛	0.79	0.06	13.70	0.001
管理创新	放任型领导	0.06	0.04	1.56	—
技术创新	放任型领导	0.06	0.04	1.54	—

模型拟合指数：$\chi^2/df = 4.47$；RMSEA = 0.07；GFI = 0.87；NNFI = 0.96；CFI = 0.97；IFI = 0.97

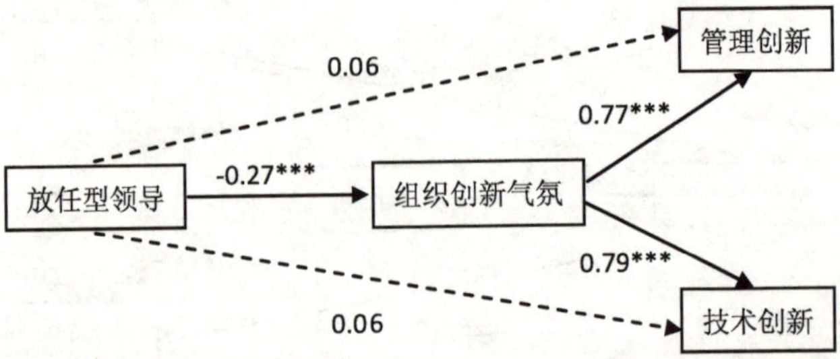

图 6-4 组织创新气氛对放任型领导与组织创新中介作用的模型

6.5 组织变革对领导风格与组织创新的调节作用

如果变量 Y 与变量 X 的关系是变量 M 的函数，称 M 为调节变量（moderator），即 Y 与 X 的关系受到第三个变量 M 的影响。温忠麟等（2005）提出检验调节效应的方法：当自变量和调节变量都是连续变量时，用带有乘积项的回归模型，做层次回归分析；先做 Y 对 X 和 M 的回归，得测定系数 R_1^2；然后做 Y 对 X、M 和 XM 的回归得 R_2^2，若 R_2^2 显著高于 R_1^2，则调节效应显著；或者，做 XM 的偏回归系数检验，若显著，则调节效应显著。

本研究则采用层级回归的方法，在控制了对组织创新（管理创新、技术创新）有影响的人口学统计变量（职务）、组织特征变量（组织性质、组织规模、组织效益）之后，组织变革内容、幅度、速度是否会调节变革型领导、交易型领导、放任型领导对组织创新的影响，研究模型如图 6-5 所示。根据 Aiken & West（1991）的建议，在做调节效应分析时，先将自变量和调节变量做中心化变换（即变量减去其均值）。

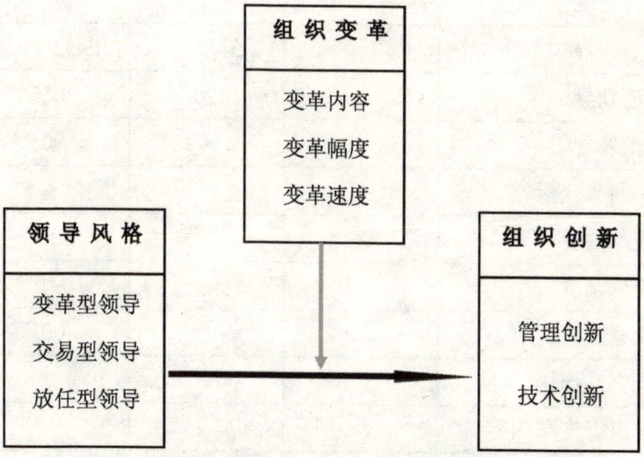

图 6-5 组织变革对领导风格与组织创新的调节作用模型

6.5.1 组织变革对变革型领导与组织创新的调节作用

（1）组织变革对变革型领导与管理创新的调节作用

如表 6-24 所示，回归方程的第一层引入控制变量，结果显示职位、组织规模、组织效益对管理创新有显著影响。然后将领导风格的三个维度引入回归方程的第二层，结果显示变革型领导对管理创新的主效应极其显著（P < 0.001），方程解释的变异量增加了26.3%。接下来将组织变革的三个维度（组织变革内容、组织变革幅度、组织变革速度）作为第三层变量引入回归方程，结果显示组织变革内容和组织变革幅度对管理创新有显著影响（P < 0.05），方程解释的变异量增加了2.2%。最后将变革型领导与组织变革的三个维度的交互作用作为第四层变量引入回归方程，结果显示变革型领导与组织变革幅度交互作用显著（P < 0.05），对预测管理创新作出了新贡献，方程解释的变异量增加了3.4%。组织变革幅度越大，变革型领导风格对管理创新的影响越大，如图6-6所示。

表6-24 组织变革调节变革型领导对管理创新影响的层级回归结果

变量	第一层	第二层	第三层	第四层
第一层：控制变量				
职位	.169***	.048	.043	.057
组织规模	-.157***	-.084*	-.100**	-.108**
组织效益	-.256***	-.097*	-.059	-.022
第二层：自变量				
变革型领导		.512***	.452***	.396***
交易型领导		.120*	.086	.088
放任型领导		.002	.003	.030
第三层：调节变量				
组织变革内容			.103*	.016
组织变革幅度			.091*	.089*
组织变革速度			.001	.003
第四层：交互作用				
变革型领导*组织变革内容				-.123
变革型领导*组织变革幅度				.095*
变革型领导*组织变革速度				-.046
R^2	.114	.376	.398	.432
ΔR^2		.263***	.022***	.034***
F	11.866***	57.356***	6.901***	8.812***

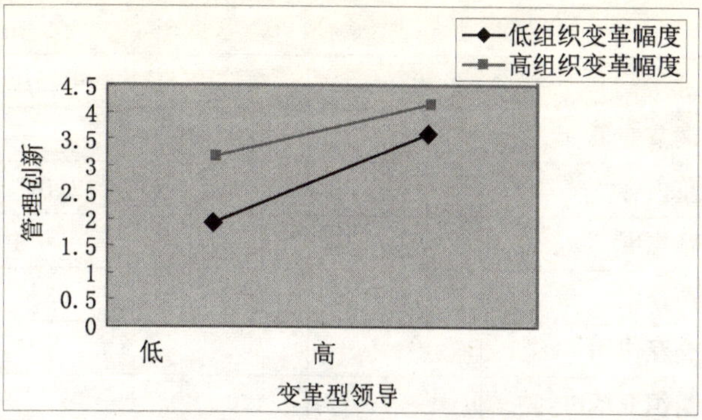

图 6-6 组织变革幅度对变革型领导与管理创新的调节作用

（2）组织变革对变革型领导与技术创新的调节作用

如表 6-25 所示，回归方程的第一层引入控制变量，结果显示职位、组织效益对技术创新有显著影响。然后将领导风格的三个维度引入回归方程的第二层，结果显示变革型领导对技术创新的主效应非常显著（$P < 0.001$），方程解释的变异量增加了 29.2%。接下来将组织变革的三个维度（组织变革内容、组织变革幅度、组织变革速度）作为第三层变量引入回归方程，结果显示组织变革内容和组织变革速度对技术创新有显著影响（$P < 0.05$），方程解释的变异量增加了 2.3%。最后将变革型领导与组织变革的三个维度的交互作用作为第四层变量引入回归方程，结果显示变革型领导与组织变革内容交互作用显著（$P < 0.05$），对预测技术创新作出了新贡献，方程解释的变异量增加了 2.2%。组织变革的内容越多，变革型领导对技术创新的影响越大，如图 6-7 所示。

表 6-25 组织变革调节变革型领导对技术创新影响的层级回归结果

变量	第一层	第二层	第三层	第四层
第一层：控制变量				
职位	.140***	.027	.021	.028
组织性质	-.016	-.004	.008	-.002
组织效益	-.195***	-.030	.004	.018
第二层：自变量				
变革型领导		.574***	.508***	.465***
交易型领导		.065	.056	.065
放任型领导		.061	.062	.085

续表

变量	第一层	第二层	第三层	第四层
第三层：调节变量				
组织变革内容			.116*	.077
组织变革幅度			-.014	.039
组织变革速度			.085*	.006
第四层：交互作用				
变革型领导*组织变革内容				.180*
变革型领导*组织变革幅度				-.072
变革型领导*组织变革速度				-.047
R^2	.058	.351	.373	.395
ΔR^2		.292***	.023***	.022*
F	11.866***	51.278***	6.812***	6.723***

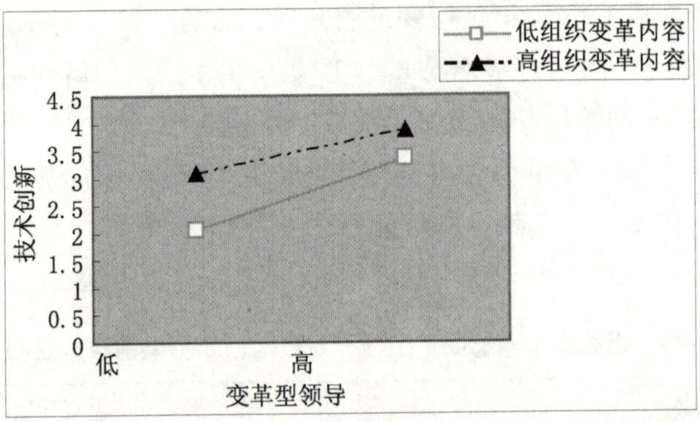

图 6-7　组织变革内容对变革型领导与技术创新的调节作用

6.5.2 组织变革对交易型领导与组织创新的调节作用

(1) 组织变革对交易型领导与管理创新的调节作用

如表 6-26 所示，回归方程的第一层引入控制变量，结果显示职位、组织规模、组织效益对管理创新有显著影响。然后将领导风格的三个维度引入回归方程的第二层，结果显示交易型领导对管理创新的主效应显著（$P < 0.05$），方程解释的变异量增加了 26.3%。接下来将组织变革的三个维度（组织变革内容、组

织变革幅度、组织变革速度）作为第三层变量引入回归方程，结果显示组织变革内容和组织变革幅度对管理创新有显著影响（P < 0.05），方程解释的变异量增加了2.2%。最后将交易型领导与组织变革的三个维度的交互作用作为第四层变量引入回归方程，结果显示交易型领导与组织变革内容交互作用显著（P < 0.01），对预测管理创新作出了新贡献，方程解释的变异量增加了1.7%。组织变革内容越多，交易型领导对管理创新的影响越大，如图6-8所示。

表6-26　组织变革调节交易型领导对管理创新影响的层级回归结果

变量	第一层	第二层	第三层	第四层
第一层：控制变量				
职位	.169***	.048	.043	.028
组织规模	-.157***	-.084*	-.100**	-.108**
组织效益	-.256***	-.097*	-.059	-.052
第二层：自变量				
变革型领导		.512***	.452***	.433***
交易型领导		.120*	.086	.530**
放任型领导		.002	.003	.022
第三层：调节变量				
组织变革内容			.103*	.122*
组织变革幅度			.091*	.379
组织变革速度			.001	.342
第四层：交互作用				
交易型领导*组织变革内容				.124**
交易型领导*组织变革幅度				-.352
交易型领导*组织变革速度				-.465
R^2	.114	.376	.398	.415
ΔR^2		.263***	.022***	.017**
F	11.866***	57.356***	6.901***	5.432**

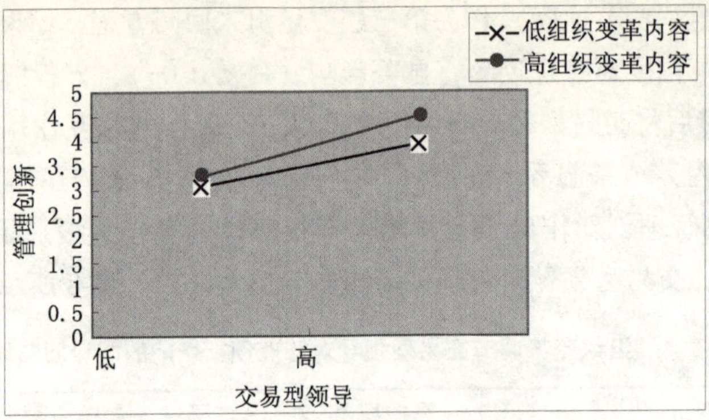

图 6-8　组织变革内容对交易型领导与管理创新的调节作用

(2) 组织变革对交易型领导与技术创新的调节作用

如表 6-27 所示，回归方程的第一层引入控制变量，结果显示职位、组织效益对技术创新有显著影响。然后将领导风格的三个维度引入回归方程的第二层，结果显示交易型领导对技术创新的主效应不显著。接下来将组织变革的三个维度（组织变革内容、组织变革幅度、组织变革速度）作为第三层变量引入回归方程，结果显示组织变革内容、组织变革速度对技术创新有显著影响（$P < 0.05$），方程解释的变异量增加了 2.3%。最后将交易型领导与组织变革的三个维度的交互作用作为第四层变量引入回归方程，结果显示交易型领导与组织变革速度交互作用显著（$P < 0.05$），对预测技术创新作出了新贡献，方程解释的变异量增加了 2.0%。组织变革速度越快，交易型领导对技术创新的影响越大，如图 6-9 所示。

表 6-27　组织变革调节交易型领导对技术创新影响的层级回归结果

变量	第一层	第二层	第三层	第四层
第一层：控制变量				
职位	.140***	.027	.021	.016
组织性质	-.016	-.004	.008	.004
组织效益	-.195***	-.030	.004	.007
第二层：自变量				
变革型领导		.574***	.508***	.476***
交易型领导		.065	.056	.738***

续表

变量	第一层	第二层	第三层	第四层
放任型领导		.061	.062	.063
第三层：调节变量				
组织变革内容			.116*	.649
组织变革幅度			-.014	-.374
组织变革速度			.085*	.578
第四层：交互作用				
交易型领导 * 组织变革内容				-0.871
交易型领导 * 组织变革幅度				.523
交易型领导 * 组织变革速度				.541**
R^2	.058	.351	.373	.393
ΔR^2		.292***	.023***	.020*
F	11.866***	51.278***	6.812***	6.160***

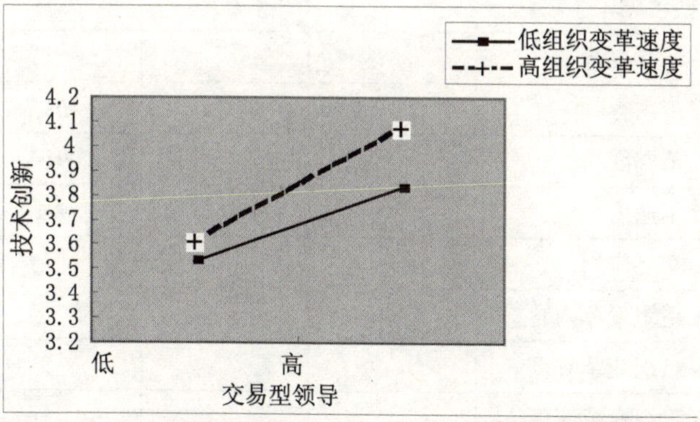

图 6-9 组织变革速度对交易型领导与技术创新的调节作用

6.5.3 组织变革对放任型领导与组织创新的调节作用

（1）组织变革对放任型领导与管理创新的调节作用

如表 6-28 所示，回归方程的第一层引入控制变量，结果显示职位、组织规模、组织效益对管理创新有显著影响。然后将领导风格的三个维度引入回归方程的第二层，结果显示放任型领导对管理创新的主效应不显著。接下来将组织变革的三个维度（组织变革内容、组织变革幅度、组织变革速度）作为第三层变量引入回归方程，结果显示组织变革内容和组织变革幅度对管理创新有显著影响（$P < 0.05$），方程解释的变异量增加了2.2%。最后将放任型领导与组织变革的三个维度的交互作用作为第四层变量引入回归方程，结果显示放任型领导与组织变革三个维度的交互作用并不显著。

表6-28　组织变革调节放任型领导对管理创新影响的层级回归结果

变量	第一层	第二层	第三层	第四层
第一层：控制变量				
职位	.169***	.048	.043	.053
组织规模	-.157***	-.084*	-.100**	-.099
组织效益	-.256***	-.097*	-.059	-.055
第二层：自变量				
变革型领导		.512***	.452***	.444***
交易型领导		.120*	.086	.077
放任型领导		.002	.003	.009
第三层：调节变量				
组织变革内容			.103*	.087
组织变革幅度			.091*	.082
组织变革速度			.001	-.027
第四层：交互作用				
放任型领导*组织变革内容				-.015
放任型领导*组织变革幅度				.021
放任型领导*组织变革速度				.071
R^2	.114	.376	.398	.401
ΔR^2		.263***	.022***	.003
F	11.866***	57.356***	6.901***	0.883

（2）组织变革对放任型领导与技术创新的调节作用

如表6-29所示，回归方程的第一层引入控制变量，结果显示职位、组织效益对技术创新有显著影响。然后将领导风格的三个维度引入回归方程的第二层，结果显示放任型领导对技术创新的主效应不显著。接下来将组织变革的三个维度（组织变革内容、组织变革幅度、组织变革速度）作为第三层变量引入回归方程，结果显示组织变革内容、组织变革速度对技术创新有显著影响（P < 0.05），方程解释的变异量增加了2.3%。最后将放任型领导与组织变革的三个维度的交互作用作为第四层变量引入回归方程，结果显示放任型领导与组织变革三个维度的交互作用都不显著。

表6-29　组织变革调节放任型领导对技术创新影响的分层回归结果

变量	第一层	第二层	第三层	第四层
第一层：控制变量				
职位	.140***	.027	.021	.023
组织性质	-.016	-.004	.008	.010
组织效益	-.195***	-.030	.004	-.007
第二层：自变量				
变革型领导		.574***	.508***	.501***
交易型领导		.065	.056	.053
放任型领导		.061	.062	.058
第三层：调节变量				
组织变革内容			.116*	.123*
组织变革幅度			-.014	-.023
组织变革速度			.085*	.073
第四层：交互作用				
放任型领导*组织变革内容				-.117
放任型领导*组织变革幅度				.076
放任型领导*组织变革速度				.063
R^2	.058	.351	.373	.377
ΔR^2		.292***	.023***	.004
F	11.866***	51.278***	6.812***	1.017

6.6 研究结果分析

通过一元方差分析、相关分析、层级回归分析和结构方程模型，本研究分析了控制变量的影响；分析了变革型领导及各维度、交易型领导及各维度、放任型领导与组织创新（管理创新、技术创新）、组织创新气氛及各维度之间的关系；分析了组织变革内容、幅度、速度分别对变革型领导、交易型领导、放任型领导与组织创新关系之间的调节作用。

6.6.1 主要研究结果

本研究的主要目的是探讨领导风格对组织创新的影响及其作用机制。在理论分析的基础上提出了变革型领导、交易型领导对组织创新的正向影响；放任型领导对组织创新的负向影响；组织创新气氛在领导风格与组织创新之间的中介作用；组织变革对领导风格与组织创新关系的调节作用等假设，通过实证分析，得出以下结果。

(1) 领导风格对组织创新的影响

变革型领导对管理创新和技术创新有显著的正向影响；交易型领导对管理创新和技术创新有显著的正向影响；放任型领导与管理创新和技术创新有显著的负相关。全范围领导的八个维度与管理创新、技术创新建立模型，结果发现：对管理创新的影响因素中，智力激发的正向影响最大，其次是权变奖励、感召力、魅力领导；积极例外管理、放任型领导的回归系数为正值，但是没有达到显著性水平；而个性化关怀和消极例外管理的回归系数为负值，也没有达到显著性水平。对技术创新影响中，智力激发的正向影响最大，其次是权变奖励、感召力、魅力领导；积极例外管理、放任型领导的回归系数为正值，但是没有达到显著性水平；而个性化关怀和消极例外管理的回归系数为负值，也没有达到显著性水平。

(2) 领导风格对组织创新气氛的影响

变革型领导对组织创新气氛有显著的正向影响；交易型领导对组织创新气氛有显著的正向影响；放任型领导与组织创新气氛有显著的负相关。全范围领导的八个维度与组织创新气氛建立模型，结果发现：魅力领导的正向影响最大，其次是权变奖励、智力激发、感召力、积极例外管理；个性化关怀的回归系数为正值，但是没有达到显著性水平；而消极例外管理和放任型领导的回归系数为负值，也没有达到显著性水平。

（3）组织创新气氛对组织创新的影响

组织创新气氛对管理创新有显著的正向影响；组织创新气氛对技术创新有显著的正向影响。具体来看，对管理创新的影响从大到小依次为：支持创新、任务导向、参与安全性、互动频率、愿景；对技术创新的影响从大到小依次为：参与安全性、支持创新、互动频率、任务导向。

（4）组织创新气氛在领导风格与组织创新关系的中介作用

组织创新气氛对变革型领导与管理创新、技术创新的关系起部分中介作用；组织创新气氛对交易型领导与管理创新、技术创新的关系起部分中介作用；组织创新气氛对放任型领导与管理创新、技术创新的关系起完全中介作用。

（5）组织变革强度对领导风格与组织创新关系调节作用

组织变革强度的三个维度——组织变革内容、组织变革幅度、组织变革速度与领导风格及组织创新之间的关系模型，结果显示：组织变革幅度对变革型领导与管理创新有调节作用；组织变革内容对变革型领导与技术创新有调节作用；组织变革内容对交易型领导与管理创新有调节作用；组织变革速度对交易型领导与技术创新有调节作用；组织变革强度对放任型领导与组织创新没有调节作用。

6.6.2　研究假设检验结果

本研究利用层级回归模型和结构方程模型对研究假设进行检验，结果表明，大部分假设得到验证。具体验证结果如表 6-30 所示。

表 6-30　研究假设检验结果表

序号	假设描述	检验结果	主要依据
H1-1	变革型领导对管理创新有正向影响	支持	表 6-17
H1-2	变革型领导对技术创新有正向影响	支持	表 6-19
H1-3	交易型领导对管理创新有正向影响	支持	表 6-17
H1-4	交易型领导对技术创新有正向影响	支持	表 6-19
H1-5	放任型领导对管理创新有负向影响	部分支持	表 6-17
H1-6	放任型领导对技术创新有负向影响	部分支持	表 6-19
H2-1	变革型领导对组织创新气氛有正向影响	支持	表 6-16
H2-2	交易型领导对组织创新气氛有正向影响	支持	表 6-16

续表

序号	假设描述	检验结果	主要依据
H2-3	放任型领导对组织创新气氛有负向影响	部分支持	表6-16
H3-1	组织创新气氛对管理创新有正向影响	支持	表6-18
H3-2	组织创新气氛对技术创新有正向影响	支持	表6-20
H4-1	组织创新气氛在变革型领导与管理创新之间起中介作用	支持	表6-21
H4-2	组织创新气氛在变革型领导与技术创新之间起中介作用	支持	图6-2
H4-3	组织创新气氛在交易型领导与管理创新之间起中介作用	支持	表6-22
H4-4	组织创新气氛在交易型领导与技术创新之间起中介作用	支持	图6-3
H4-5	组织创新气氛在放任型领导与管理创新之间起中介作用	支持	表6-23
H4-6	组织创新气氛在放任型领导与技术创新之间起中介作用	支持	图6-4
H5-1	组织变革强度越大，变革型领导对管理创新的正向影响越大	支持	表6-24
H5-2	组织变革强度越大，变革型领导对技术创新的正向影响越大	支持	表6-25
H5-3	组织变革强度越大，交易型领导对管理创新的正向影响越大	支持	表6-26
H5-4	组织变革强度越大，交易型领导对技术创新的正向影响越大	支持	表6-27
H5-5	组织变革强度越大，放任型领导对管理创新的负向影响越大	不支持	表6-28
H5-6	组织变革强度越大，放任型领导对技术创新的负向影响越大	不支持	表6-29

6.7 本章小结

本章主要关注研究假设的检验与结果分析。在对潜变量赋值进行描述性统计和相关分析的基础上，对第三章提出的假设进行检验。首先，运用一元方差分析和层级回归法对控制变量进行检测，发现：员工职位、组织性质、组织效益、组织规模等对组织创新气氛、管理创新、技术创新存在不同程度的影响。在控制了这些变量的基础上，领导风格对组织创新气氛、管理创新、技术创新分别进行回归，有显著的影响；组织创新气氛对管理创新、技术创新进行回归，也有显著的影响。其次，构建结构方程模型来验证组织创新气氛对领导风格与组织创新关系的中介作用，结果显示：组织创新气氛对变革型领导与管理创新、技术创新的关系起部分中介作用；组织创新气氛对交易型领导与管理创新、技术创新的关系起部分中介作用；组织创新气氛对放任型领导与管理创新、技术创新的关系起完全中介作用。再次，运用层级回归法来检验组织变革对领导风格与组织创新的调节作用，结果显示：组织变革幅度对变革型领导与管理创新有调节作用；组织变革内容对变革型领导与技术创新有调节作用；组织变革内容对交易型领导与管理创新有调节作用；组织变革速度对交易型领导与技术创新有调节作用；组织变革对放任型领导与组织创新没有调节作用。最后，阐述了主要研究结果和研究假设检验结果，实际上，大部分的假设都得到了验证。

7 结论与管理对策

本章主要内容是对数据分析的结论进行提炼与总结，然后根据研究结果提出相应的管理对策，最后指出本研究的贡献、局限性及展望。

7.1 研究结论与探讨

（1）中国文化背景下全范围领导理论由八个维度构成

由于全范围领导理论来自西方，它是否适用中国的特殊的文化还需要验证。研究的预测试通过信效度检验，删除一些收敛效度不合要求的题项，然后通过探索性因子分析得出了全范围领导理论的八个维度：魅力领导、感召力、智力激发、个性化关怀、权变奖励、积极例外管理、消极例外管理和放任型领导。与全范围领导理论提出者 Avolio 和 Bass（1991）构想不同的是，魅力领导的归因与行为都集中在一个维度上。运用正式调查的数据进行信效度检验，发现各变量的内部一致性较高，经过验证性因子分析得到了清晰的四维度变革型领导模型、三维度交易型领导模型和单维度放任型领导模型，而且各模型都拟合得较好。国内学者李超平和时勘（2003）运用翻译修改过的 MLQ 中变革型领导量表在国内进行研究，发现变革型领导也包括四个独立维度：领导魅力、感召力、智能激发和个性化关怀。孟慧（2004）对 MLQ 中变革型领导的研究得出：变革型领导具有二阶单因素结构，即四个独立子因素为领导魅力、感召力、智力激发和个性化关怀，这些子因素归属于一个单一二阶因素。本研究中的变革型领导也是来源于 MLQ，得出的四个维度与上述学者的研究结果一致。组织管理实践中，真正高效的领导者会根据管理目的、人员需求的不同而采用不同的领导风格或策略。很多时候，他们既扮演变革型领导的角色，又扮演交易型领导的角色，还可能会适时扮演放任型领导的角色。这取决于领导者所处的情境，即在研究中常说到的“边界”。没有哪种领导方式可以在所有边界下通用，领导的有效性取决于领导风格是否适应特定的边界。所以，在国内研究全范围领导理论并验证 MLQ 的适用性具有一定的可行性。

（2）中国文化背景下组织创新气氛由五个维度构成

翻译讨论后的组织创新气氛（TCI）的题项有35道，为了精简题项，通过预测试删除了收敛效度不高及因子负荷不合要求的题项，通过探索性因子分析得出了组织创新气氛的五个维度：愿景、参与安全性、支持创新、任务导向和互动频率。本研究通过正式调查数据对组织创新气氛的五维度模型进行验证性因子分析，结果表明该模型拟合较好。研究结果与 Anderson 和 West（1996，1998）的结论一致。而凌建勋（2003）利用 TCI 对团队创新气氛问卷编制，得出了四个维度的团队创新气氛：远景目标、创新支持、任务导向和互动频率。在国内，员工对创新气氛的感知主要有：组织的愿景目标是否有意义并被理解；组织中有没有宽松共享的氛围可以参与；员工是否在尝试用新方法；大家会不会为了追求高绩效共同努力；组织成员之间是否经常交流互动。而 TCI 涵盖了这些内容，可以说，中国文化背景下，用 TCI 来测量组织团队创新气氛是可行的。

（3）领导风格对组织创新的影响

①变革型领导对组织创新有显著的正向影响，说明变革型领导有利于组织创新，但是各个维度的影响有差异。

变革型领导风格对组织创新有显著的解释能力，实证结果表明，变革型领导对管理创新、技术创新都有显著的正向影响。变革型领导者在组织内会提升组织创新能力和组织创新的趋向。领导者采用感召力和智力激发对组织创新而言非常关键（Elkins and Keller，2003）。变革型领导者在组织内促进创新思想的产生，这种行为导致了变革型领导者的“受拥护者”角色（Howell and Higgins，1990），这些领导又激发下属，使他们积极肯干以完成超过预期的任务，使他们挑战工作中的创新途径的愿景。变革型领导能够有效激励下属，而提升激励水平的结果很可能就会提高组织创新（Mumford et al.，2002）。许多实证研究支持领导对组织创新的积极影响（Keller，1992；Waldman and Atwater，1994）。

对变革性领导要素构成的进一步分析表明：魅力领导和个性化对管理创新和技术创新都没有显著的影响。魅力领导和个性化关怀可以让员工了解组织目标、个体得到发展的同时产生更多的满意感和承诺。但是由于组织创新的过程更需要全员参与，所以魅力领导和个性化关怀还不足以影响组织创新。

智力激发和感召力对管理创新和技术创新均有显著的正向影响。感召力和智力激发被一些研究者明确证实与创造力正相关（Sosik et al.，1997）。组织创新就是需要有动力不断挑战旧思维，领导者通过感召力和智力激发，则能鼓励员工用新视角、新方法做事，不断推陈出新。

②交易型领导对组织创新有显著的正向影响，说明交易型领导有利于组织创新，但是各个维度的影响有差异。

权变奖励对管理创新和技术创新均有显著的正向影响。Goodwin et al.（2001）认为MLQ中权变奖励的维度被验证与变革型领导比交易型领导更有相关性。权变奖励与“工作是为了赚钱”的观点是一致的。员工们被告知，如果想获得某种奖励就必须做什么。在组织创新过程中，采用这种方式也不失为一种策略，毕竟国内大多数企业的员工对工作的需求还没有达到自我实现的境界，还都是为了满足稍低层次的需求。我国属于社会主义初级阶段，谋生和发展仍然居于工作的重要地位。尤其在当下，工薪阶层普遍感知到生活压力大，为了提高生活质量，高收入依然是必要条件之一。

积极例外管理对管理创新和技术创新有正向影响但并不显著，消极例外管理对管理创新和技术创新有负向影响但并不显著。对于组织创新而言，如果管理者仅对员工的错误做出反应，只有当员工表现出不能达到目标时，管理者才实行校正行为，那么这只会妨碍组织创新的进展。

可以说，交易型领导对组织创新显著的正向影响主要是来源于权变奖励的影响，而例外管理和权变奖励相比而言，影响作用小得多。

③放任型领导对组织创新有显著的负相关，说明放任型领导不利于组织创新。放任型领导因素表现为放任自流领导，是一种无领导行为。好比在一个群龙无首的组织里，即使员工有创新的激情也会被埋没。一旦员工的创新意识和行为被漠视，就会对员工造成很大的负强化。

④全范围领导理论的各个维度对管理创新和技术创新的影响中，智力激发的正向影响最大，其次是权变奖励、感召力、魅力领导；积极例外管理、放任型领导的正向影响不显著，而个性化关怀和消极例外管理的负向影响不显著。

由全范围领导理论可知，每个领导者都可能表现出某些放任型领导、交易型领导或者变革型领导风格，而每种风格又包含了特定的行为（Sosik and Godshalk，2000）。其中最有效的领导风格还是变革型领导，其次是交易型领导的权变奖励，最无效的是放任型领导（Bass，1985）。在对组织创新的影响中，智力激发、权变奖励、感召力仍然处于很重要的地位。由于这些维度之间又是显著相关的，所以，在综合所有维度时，放任型领导原本是与管理创新和技术创新显著负相关，却表现出正向影响不显著；个性化关怀原本是与管理创新和技术创新显著正相关，却表现出负向影响不显著。

（4）领导风格对组织创新气氛的影响

①变革型领导对组织创新气氛有显著的正向影响，说明变革型领导有利于组织创新气氛的形成，但是各维度的影响不同。

支持性的领导为创新产生思想，通过组织创新团队，提升相互间的信任，敢于冒险以实现共享愿景，并降低内部沟通成本（Dess and Picken，2000）。

魅力领导、智力激发和感召力对组织创新气氛各维度有显著的正向影响；个性化关怀回归系数为正，但是没有达到显著性水平。魅力领导会在思想上促使员工清楚认识到组织的创新目标，并融入到创新氛围中来；智力激发会引导员工提出解决问题的新方法，从亲身体验的满足感中支持创新；感知力会增强员工参与创新的意愿，并积极去影响周围同事的参与热情。领导通过表现出对员工的个别关心与指导会让员工产生受尊重感，使员工对领导个人产生更高的忠诚感和满意度，但是员工并不会因为对领导的感恩戴德而有支持组织创新的意愿。除非领导要求员工去支持组织创新，才有可能通过个性化关怀来影响组织创新气氛。

②交易型领导对组织创新气氛有显著的正向影响，说明交易型领导有利于组织创新气氛的形成，但是各维度的影响不同。

Bass（1985）认为交易型领导者被看作是在既存系统和文化下发挥作用的人，他乐于回避风险、更加注重时间和效能的限制、更多控制过程而非内容本身。交易型领导行为是一种以履行约定义务为基础的相互交易过程，其典型表现是设置目标、监控过程和控制产出。交易型领导主要是认为人之所以会贡献心力，主要是从交换中得到最大的满足，而交换的形式不止是物质上的利益，也包括了赞赏、尊敬、自尊、情感等心理层面的互换。

权变奖励对组织创新气氛各维度有显著的正向影响；积极例外管理除对互动频率负向作用不显著之外，对其他各维度都有显著负向影响；消极例外管理除了对愿景、参与安全性正向作用不显著之外，对其他各维度都有显著正向影响。权变奖励通过明确任务，则能让下属对愿景、参与安全性、支持创新、任务导向、互动频率等氛围有更清晰的认知。

③放任型领导对组织创新气氛有显著的负相关，说明放任型领导不利于组织创新气氛的形成。

放任型领导是一种缺乏事务处理的类型，这种领导避免做决策，放弃职责，不使用他们的权威。在领导选择避免做决策的时候是积极的。这种领导通常被认为是最消极和最无效的领导风格。在对组织创新气氛的影响上，这种领导往往会使得员工很难感受到组织中创新气氛的存在。

④全范围领导的八个维度与组织创新气氛建立模型，结果发现：魅力领导的正向影响最大，其次是权变奖励、智力激发、感召力、积极例外管理；个性化关怀的正向影响不显著；而消极例外管理和放任型领导的负向影响也不显著。组织创新气氛的形成需要持续不断的培育，创新气氛浓厚的组织通常是创造和创新导向的，支持部门人员独立追求新的思想观念，宽容员工的多样化，有充足的资源供给（如设备、工具和时间、信息、资金）等重要特征（Kanter and Amabile，1988），而管理者通过魅力影响、权变奖励、智力激发、感召力、积极例外管理等则能实现对组织创新气氛的营造。

（5）组织创新气氛对组织创新的影响

①组织创新气氛对管理创新、技术创新均有显著的正向影响。

正如 Bruce（1994）所言，组织气氛对创新而言是很重要的因素，员工通过感知到组织中鼓励创新并为创新提供资源的氛围，会提高创造力，而有利于整个组织的创新。组织创新气氛在高工作强度下能够促使员工提升应付机制、改进工作程序从而减少负面的结果（King et al.，2007）。

②组织创新气氛各维度与管理创新、技术创新的模型结果显示：支持创新对管理创新的影响最大，其次是任务导向、参与安全性、互动频率、愿景；参与安全性对技术创新的影响最大，其次是支持创新、互动频率、任务导向，愿景对技术创新影响不显著。综合来看，除了愿景之外，其他各维度都对管理创新和技术创新有显著的正向影响，只是各维度影响大小不同。学者们已经鉴别出了创造和创新的前因变量，包括：愿景、参与的安全感、追求卓越的氛围、支持创新的标准、操作的自由性、良好的项目管理、组织资源、激励、重视、时机等（Amabile，1988；West，1990）。国外的研究结果表明：愿景是影响创新的第一要素，但是，本研究得出的结论却有所不同。究其原因，国内企业在创新的过程中最有影响力的是引导员工怎么去创新，而不是天天出政策、喊口号。有很多企业把创新作为企业理念，但是真正意义上却没有从鼓励员工支持创新、参与创新等方面重视创新氛围的营造。所以，对国内的组织创新而言，愿景固然重要，更需要结合其他方面。如参与安全性、支持创新、任务导向、互动频率等来创造良好

的组织创新气氛。

(6) 领导行为对组织创新的影响机制：组织创新气氛的中介作用

①变革型领导部分通过营造组织创新气氛影响组织创新。

变革型领导对组织创新气氛有显著正向影响，而组织创新气氛是与组织创新关系更为密切的变量，而且 Bernacki（2001）指出组织创新气氛是营造组织创新的第一站，Ekvall 和 Ryhammar（1999）也提出领导者通过营造创新气氛来影响创新，所以组织创新气氛在变革型领导与组织创新关系中有部分中介作用与理论假设一致，在管理实践中也是可行的。变革型领导风格一方面通过智力激发、感召力直接影响组织创新结果，另一方面又通过积极促进组织创新气氛的形成而间接影响到组织创新行为。

②交易型领导部分通过组织创新气氛影响组织创新。

交易型领导虽然在有效性上不比变革型领导，但是在目前国内组织发展的情形下，交易型领导对组织创新仍有比较大的影响。交易型领导也对组织创新气氛有正向影响，通过权变奖励更好地促进任务导向这一维度的作用。交易型领导是一种典型的任务导向管理，一方面通过让员工感知到组织创新氛围而间接影响组织创新，另一方面通过增强下属对创新的目的性，直接影响组织创新。

③放任型领导完全通过组织创新气氛影响组织创新。

放任型领导这种无效的领导风格，在组织创新气氛的影响下，则会将其对组织创新的负向影响减弱到不显著。在有着良好的组织创新气氛的情形下，即使存在一些放任型领导风格的管理者，也会产生“大河有水小河满”效益，减小了这种消极作用。

(7) 领导行为对组织创新的影响机制：组织变革的调节作用

①组织变革幅度对变革型领导与管理创新有调节作用；组织变革内容对变革型领导与技术创新有调节作用。

组织变革幅度越大，变革型领导对管理创新的影响越强；组织变革的内容越多，变革型领导对技术创新的影响越强。变革型领导是在组织变革的情境下应运而生，而且能够发挥更大的作用。组织变革幅度大，则变革型领导风格能够在更大的范围内影响到组织管理战略或策略的创新。而组织变革的内容越多，创新需求越多，则有利于变革型领导风格引导更多技术方面的创新行为或结果。

②组织变革内容对交易型领导与管理创新有调节作用；组织变革速度对交易型领导与技术创新有调节作用。

组织变革内容越多，交易型领导对管理创新的影响越强；组织变革的速度越快，交易型领导对技术创新的影响越强。交易型领导风格在组织变革内容多的环境下，会让员工清楚更多的创新内容，并积极配合或参与，从而促进了管理创新。组织变革的速度越快，则会让交易型领导风格的管理者为了更高的效率而引导更多的技术创新行为或产生更多的技术创新成果。

③组织变革强度对放任型领导与组织创新没有调节作用。

放任型领导是与组织变革情境极不协调的一种领导风格。在组织变革情境下，放任型领导风格会显得更无效，是会被组织避免的，在这种边界条件下，放任型领导不会影响到组织创新。

（8）组织特征变量对组织创新及组织创新气氛的影响

① 组织性质。不同性质的组织对技术创新和组织创新有显著影响。中外合资企业在技术创新上显著高于国有企业、民营企业、外资企业和事业单位。中外合资企业在组织创新也显著高于国有企业、民营企业和事业单位。中外合资企业比较注重技术创新与国际市场接轨，而国企、民企、事业单位在技术创新及管理创新方面则比较弱。正如 Hage（1999）提议在对组织创新的研究中要考虑到外资、合资企业不同的创新需求。需求产生动力，外资企业强烈的创新需求会导致更多的创新结果，与其他性质企业相比，组织创新有显著的优势。

② 组织规模。组织规模在支持创新、任务导向和管理创新方面有显著的影响。30 人以下、31-100 人、101-300 人规模的企业在支持创新方面显著比 500 人以上规模的企业好；30 人以下、31-100 人规模的企业在任务导向和管理创新方面也显著高于 500 人以上规模的企业。大致来看，规模越小，越有利于管理创新和组织创新气氛的形成。而国外有研究认为，组织规模与组织创新正相关，因为组织规模越大，越有利于系统内分工专业化和差异化，信息合并与共享，系统运作更快，有更多空闲资源用于创新（Aiken and Alford，1970；Aiken and Hage，1968，1971）。可以解释为中国特有的文化使得规模越大的组织，实施创新难度越大，机构臃肿，人浮于事，自然在创新的推进上也是低效率。而规模小一些的企业，上下沟通比较方便，则有利于形成支持创新的氛围并提升管理创新。国内企业在管理水平上还处于上升阶段，企业规模小则易于管理，也易于形成凝聚力影响创新。

③ 组织效益。组织效益在各个变量上都有显著的影响，除了任务导向、互动频率、组织创新三个方面有点差异之外，愿景、参与安全性、支持创新、组织

创新气氛、技术创新、管理创新等变量上都是这样的情况：效益很好、效益较好、效益中等的组织都显著高于效益较差、效益很差的组织；效益较差的组织又显著高于效益很差的组织。组织效益与组织创新及创新氛围都是密切相关的，效益越好的企业越注重创新氛围与创新行为，有更多创新的结果，从而会带来更好的效益，形成良性循环。在效益较差及很差的组织里，生存是首要问题，对创新的动机比较弱，竞争力较差，效益也会每况愈下，形成恶性循环。所以，越是竞争力强的公司越重视创新，而真正重视创新的组织也必然能够做出好的业绩。效益较好的组织在创新气氛上表现不突出，这也是企业发展不够顺利的原因之一。

(9) 人口学特征变量对组织创新及组织创新气氛的影响

① 职位。不同职位的员工对愿景、参与安全性、支持创新、组织创新气氛、管理创新、技术创新、组织创新等变量上有显著的影响。基层员工在这些变量上的评价都显著低于中高层管理者的评价；基层管理者也在愿景、参与安全性、组织创新气氛、管理创新、组织创新等变量上显著低于中高层管理者。基层员工因其地位及思想境界，在日常工作中他们会更多地关注自己的绩效，而不会对组织的创新目标感兴趣，所以，很多时候，他们不关心组织是否有创新、如何创新。现实情况中，即使基层员工有支持创新的动机，也会因为没有“发言权”而被淹没。基层管理者在技术创新上与中高层管理者没有差别，主要是因为技术创新来源于基层，作为基层管理者的他们对这些产品或服务等的变化再熟悉不过了。而在管理创新及组织创新气氛等方面，基层领导者由于不是战略的制定者，他们只是战术的执行者，很多管理方面的创新他们也不一定都清楚。

② 学历。学历对愿景、支持创新、任务导向、组织创新气氛等变量有显著的影响。在愿景、支持创新、任务导向和组织创新气氛方面，高中以下学历的均值显著高于中专或高中学历、大专学历、本科学历、硕士及以上学历的均值；在支持创新方面中专或高中学历的均值显著高于大专、硕士及以上学历的均值；在任务导向方面中专或高中学历的均值显著高于硕士及以上学历的均值。高中以下学历的员工大部分都会抱着“既来之，则安之”的态度，他们因为自己文化层次低，为了保住饭碗，严格按照领导的指示去做。中专或高中学历的员工则因为自己有一些技术而更倾向于尝试创新以提高绩效。硕士及以上学历的员工，因为自己文化层次比较高，对自己的要求也高，有时候不免有些恃才傲物的情形，合作精神不强，很少融入组织的创新氛围之中。再者，高中以下学历、中专或高中学历的样本相对年龄较大，对组织的忠诚度高，能更好地融入到组织创新文化中。

7.2 管理对策

本研究在实证分析的基础上探讨了领导风格、组织创新、组织创新气氛、组织变革等变量之间的内在关系，得出了一些有意义的结论，对组织的管理水平提升会有帮助。具体到企业的管理方面，有如下建议。

(1) 积极增进组织变革与创新

为了能在外部环境条件变化时得以生存与发展，企业组织必须能灵活地实行变革。创新与创造则是基本的变革能力。创新必须是从内部进行的，创造新的产品和服务项目，创新也必须是外部的，善于发觉并使用外部所开发的产品、服务项目与技术。组织创新对组织绩效有显著影响，研究表明，采纳创新与不采纳创新的组织绩效相比，早期采纳创新与后期采纳创新的组织绩效相比，前者的绩效都明显比后者好（Bolton, 1993）。有三种管理途径对于增进企业组织创新是最重要的：第一，必须录用具有革新精神与创造性的职工，应该采用科学的招聘与甄选程序以确保这一点；第二，管理者必须创造良好的内部环境，培育和促进组织创新；第三，必须强调建设积极的创新导向的组织文化。做到了这三点，就能产生一种协同作用，形成富有创新精神的企业组织（戴维斯，1989）。

组织创新气氛是通往组织创新的重要环节，通过从愿景、参与安全性、支持创新、任务导向、互动频率等几个方面积极营造组织创新气氛，可以积极促进组织创新。正如本研究结果表明，变革型领导风格会通过组织创新气氛来影响组织创新，连放任型领导也会因为组织创新气氛的作用，使得原本的显著负向影响减低到不显著的影响。

创新的关键是人员。组织可以通过积极开展员工的培训和开发，使他们跟上时代的步伐。为员工提供合理的工作保障，使员工不用担心由于犯错误而被解雇。并鼓励个人成为变革的倡导者，一旦有新思想、新创意，变革倡导者就会积极、热情地宣传，提供支持，克服阻力，确保创新顺利推行。组织还可以通过组织职业生涯管理，帮助员工加强自我职业生涯管理，提高员工职业生涯成功率，同时也会促进组织变革与创新。

(2) 权变使用变革型领导风格和交易型领导风格

已有研究表明，混合型领导（变革型领导与交易型领导）远比单独的交易型领导有效得多（Avolio, Bass and Jung, 1999; Avolio, 1999）。从 20 世纪 80 年代开始的研究已经证实了变革型领导比交易型领导在产生额外努力、承诺和满足感方面更有效，建设性的交易型领导或者权变奖励在大多数情形下也是相当有效的（Avolio and Bass，2002）。有研究表明，领导者或管理者可以通过采用变革型领导风格来提升管理能力（Dvir et al.，2002；Kirkbride，2006）。变革型领导与交易型领导风格适应于不同情境下的组织，管理者需要对不同的领导风格的优势与劣势加以分析，变革型领导并非万能的，在有些特殊的组织文化和目标下并不适合（Khanin，2007）。有迹象表明，变革型领导在某些方面可能会达不到特殊领导需求，比如，在公共服务组织（Currie and Lockett，2007），或者某些公司管理上（Waldman，Siegel and Javidan，2006）。Woods（2007）认为综合利用变革型领导和交易型领导将会对组织的动态发展和提升竞争优势有巨大作用。

变革型领导与交易型领导既有区别又有联系。交易型领导者通过明确角色和任务要求指导或激励下级向既定目标前进，而变革型领导者则是通过下级接受某种价值观，鼓励下级为了组织利益超越个人利益向更远大的目标前进，并能对下级产生深远的影响。变革型领导在思想方面更倾向于前瞻性、观念上更创新、意识形态上更激进、在寻求解决问题的办法上更开放。但两种领导并非截然对立，变革型领导是建立在交易型领导的基础之上的。一个领导者可以同时兼备变革型和交易型领导的特点，所不同的是该领导者是变革型领导的成分多一些还是交易型领导的成分多一些（Bass，1985）。变革型领导提升士气，交易型领导迎合下属的直接利益。有很多实证研究支持两种领导风格在对下属影响中的差别。

简单地说，交易型领导包含了相当传统的管理方式：领导者或管理者通过胡萝卜加大棒的方式获得下属的顺从或工作绩效。这些方式对稳定状态下的组织是有用的，但是对于经历着周边环境巨变或内部变革的组织却是无效的，这时，变革型领导就被采用。相较于交易型领导，变革型领导有能力激励部属朝较高层次的目标努力，通过成员对团队目标的认同，提升部属的工作动机，并依据部属的技能给予恰当的指导，重视部属的个别差异与不同需求，予以启发，因此能够帮助部属改进思考模式与操作模式，提升工作绩效（陈旭，2006）。部属在达到自我实现目标的同时，团队也可以在快速多变的环境中生存发展，因而，变革型领导更能够适用变动的环境和有效激励团队成员，更适合于团队领导。变革型领导包括展示引人注目的、清晰的愿景，动员员工参与到组织中来增加对组织的承诺，使组织变革成为组织的常态。伴随着市场和劳动力的变化，领导者为了取得更大的效率越发需要更多的变革型风格、更少的交易型风格。变革型领导通过创立并与员工交流变革愿景，培养员工接受组织变革的能力，了解并帮助解决员工在组织变革中遇到的困难，激发员工智力、以身作则等措施，使得组织上下齐心协力投入到组织变革的过程中来，实现组织产品或服务人员、技术、人员及组织结构等的变革。交易型领导通过设立明确的目标、合理的奖励体系及积极的例外管理来激励员工参与到组织变革中并带来组织变革正面评价的增加。所以，在当前中国的文化背景下，组织在追求创新的过程中也需要权变运用变革型领导风格与交易型领导风格，主要通过对员工进行感召、智力激发，权变奖励来提升他们的创新动机。

7.3　研究局限性及未来研究方向

由于资源与时间有限，本研究还存在一些不足及以后需要完善的方面。

第一，从组织样本来看，被调查的组织来源较广，而样本量不够大，以至于不能分析不同地区、不同行业等环境因素对组织创新的影响。不同地区的环境变化会有差异（Kimberly, 1981），不同行业之间竞争水平也不尽相同，研究过程中没有对这些环境因素加以控制，就有可能使得研究结果存在一定程度上的偏差。中国现阶段不同地区发展水平都存在差异，不同行业对创新的需求程度也有差异，而这些差异对组织创新是否存在影响值得进一步研究，同时也要区分在不同创新阶段的差异。

第二，从研究方法来看，由于没有采取配对调查，所有数据都来自同一人的调查问卷，有可能存在共同方法偏差（Common Method Bias）问题。虽然在本研究中已经通过验证性因子分析验证了各个变量有显著的区分效度，存在的共同方法偏差并不足以显著影响本研究的效度，但是，未来的研究仍有必要采用配对的研究方法，尽量通过程序控制来减少共同方法偏差对研究结果的影响。

第三，从研究内容来看，将领导风格看作是整个组织的领导状态而非个人的领导行为，有可能使得不同层次的员工在填问卷时的参照对象有差异。普通员工和管理者所直接面对的领导者不同，会使他们对整个组织领导状况的感知不同。本研究在每个被调查组织中选择普通员工和管理者各半，从不同职位获取员工评价，以更全面地搜集到员工对组织领导风格的认知。国外已有研究描述了高层管理者的领导风格、中层领导者的风格与领导有效性的关系，所以未来的研究有必要对不同管理层次的领导风格进行研究，以得到更精确的结果。

第四，从研究变量的层次来看，组织层次变量与个体层次变量没有明确区分开来。领导风格、组织创新气氛、组织创新及组织变革在概念上都是组织层次上的变量，在数据分析过程中，仅对组织规模、组织效益、组织性质、组织变革进行了组内统一，因为结构方程模型对样本容量大小有要求，所以在分析中将领导风格、组织创新气氛、组织创新等变量都统一在个体层次上进行分析。未来的研究需要扩大样本量，并采用多层线性模型进行分析。

参考文献

[1] Aiken, M., Alford, R. Community Structure and Innovation: The Case of Urban Renewal [J]. American Sociological Review, 1970, 35: 650-665.

[2] Aiken, L. S., West, S. G. Multiple Regression: Testing and Interpreting Interactions [M]. Newbury Park, CA: Sage, 1991.

[3] Aiken, M., Hage, J. The Organic Organization and Innovation [J]. Sociology, 1971, 5: 63-82.

[4] Amabile, T. M. A Model of Creativity and Innovation in Organizations [M] // Staw, B. M. & Cummings L. L. (Eds.), Research in Organizational Behavior, Greenwich, CT: JAI Press, 1988, 10: 123-167.

[5] Amabile, T. M. Creativity in Context: Update to the Social Psychology of Creativity [M]. Boulder, Colo, Westview, 1996.

[6] Amabile, T. M. Motivating creativity in organizations [J]. California Management Review, 1997, 40 (1): 22-26.

[7] Amabile, T. M., Conti, R., Coon, H., et al. Assessing the Work Environment for Creativity [J]. Academy of Management Journal, 1996, (39): 1154-1184.

[8] Amabile, T. M., Ehzabeth, A., Schatzela, G. B., et al. Leader Behaviors and the Work Environment for Creativity: Perceived Leader Support [J]. The Leadership Quarterly, 2004, (15): 5-32.

[9] Amabile, T. M., Gryskiewicz, N. The Creative Environment Scales: the Work Environment Inventory [J]. Creativity Research Journal, 1989, 2: 231-254.

[10] Amabile, T. M. Motivating creativity in organizations: On Doing What You Love and Loving What You Do [J]. California Management Review, 1997 (40): 39-58.

[11] Anderson, N., De Dreu, C. K. W., Nijstan, B. A. The Routinization of Innovation Research: A Constructively Critical Review of the State-of-the-science [J]. Journal of Organizational Behavior, 2004, 25 (1): 147-173.

[12] Anderson, N., King, N. Innovation in Organizations [J]. International Review of Industrial

and Organizational Psychology, 1993, 8: 1-34.

[13] Anderson, N. R., West, M. A. The Team Climate Inventory: Development of the TCI and its Applications in Teambuilding for Innovativeness [J]. European Journal of Work & Organizational Psychology, 1996, 5 (1): 53-66.

[14] Anderson, N. R., West, M. A. Measuring Climate for Work Group Innovation: Development and Validation of the Team Climate Inventory [J]. Journal of Organizational Behavior, 1998, 19: 235-258.

[15] Antonakis, J., Avolio, B. J., Sivasubramaniam, N. Context and Leadership: an Examination of the Nine-factor Full-range Leadership Theory using the Multifactor Leadership Questionnaire [J]. The Leadership Quarterly, 2003, 14 (3): 261-295.

[16] Antonakis, J., House, R. J. The Full-range Leadership Theory: The Way Forward [M] // Avolio, B. J., Yammarino, F. J. Transformational and Charismatic Leadership (volume 2). New York: JAI, 2002, 3-33.

[17] Avolio, B. J. Full leadership Development [M]. Thousand Oaks, CA: Sage, 1999.

[18] Avolio, B. J., Bass, B. M. Developing Potential across aFull Range of Leadership [M]. Mahwah, NJ: Erlbaum, 2002.

[19] Avolio, B. J., Bass, B. M., Jung, D. I. Re-Examining the Components of Transformational and Transactional Leadership Using the Multifactor Leadership Questionnaire [J]. Journal of Occupational and Organizational Psychology, 1999, 72: 441-462.

[20] Avolio, B. J., Zhu, W., Koh, W., et al. Transformational Leadership and Organizational Commitment: Mediating Role of Psychological Empowerment and Moderating Role of Structural Distance [J]. Journal of Organizational Behavior, 2004, 25 (8): 951-968.

[21] Baldridge, J. V., Burnham, R. A. Organizational Innovation: Individual, Organizational and Environmental Impacts [J]. Administrative Science Quarterly, 1975, 20: 165-176.

[22] Bass, B. M. Leadership and Performance beyond Expectations [M]. New York: Free Press, 1985.

[23] Bass, B. M. Bass and Stodgill' s handbook of leadership [M]. New York: Free Press, 1990.

[24] Bass, B. M. From Transactional to Transformational Leadership: Learning to Share the Vision [J]. Organizational Dynamics, 1990, 18: 19-31.

[25] Bass, B. M. Theory of Transformational Leadership Redux [J]. The Leadership Quarterly, 1995, 6 (4): 463-478.

[26] Bass, B. M. Does the Transactional - Transformational Leadership Paradigm Transcend Organizational and National Boundaries [J]. American Psychologist, 1997, 52: 130-139.

[27] Bass, B. M. Transformational Leadership: Industry, Military, and Educational Impact [M].

Erlbaum, Hillsdale, NJ, 1998.

[28] Bass, B. M. Two Decades of Research and Development in Transformational Leadership [J]. European Journal of Work and Organizational Psychology, 1999, 8 (1): 9-32.

[29] Bass, B. M., Avolio, B. J., Jung, D. I., et al. Predicting Unit Performance by Assessing Transformational and Transactional Leadership [J]. Journal of Applied Psychology, 2003, 88 (2): 207-218.

[30] Bass, B. M., Avolio, B. J. Developing Transformational Leadership: 1992 and Beyond [J]. Journal of European Industrial Training, 1990, 14 (5): 21-27.

[31] Bass, B. M., Avolio, B. J. Multifactor Leadership Questionnaire [M]. Palo Alto, CA: Consulting Psychologists Press, 1996.

[32] Bass, B. M., Yammarino, F. J. Congruence of Self and Others' Leadership Ratings of Naval Officers for Understanding Successful Performance [J]. Applied Psychology: An International Review, 1991, 40: 437-454.

[33] Barling, J., Weber, T., Kelloway, E. K. Effects of Transformational Leadership Training on Attitudinal and Financial Outcomes: A Field Experiment [J]. Journal of Applied Psychology, 1996, 81 (6): 827-832.

[34] Basu, R., Green, S. G. Leader-Member Exchange and Transformational Behaviors in Leader-Member Dyads Leadership: An Empirical Examination of Innovative [J]. Journal of Applied Social Psychology, 1997, 27 (6): 477-499.

[35] Becker, S. W., Whisler, T. L. The innovative organization: a Selective View of Current Theory and Research [J]. The Journal of Business, 1967, 40: 462-469.

[36] Bennis, W. Leading in Unnerving Times [J]. MIT Sloan Management Review, 2001, 42: 97-102.

[37] Bennis, W. G., Nanus, B. Leaders: The Strategies for Taking Charge [M]. New York, NY: Harper & Row, 1985.

[38] Bentler, P. M., Mooijarrt, A. Choice of Structural Model via Parsimony: a Rational Based on Precision [J]. Psychological Bulletin, 1989, 106: 315-317.

[39] Bharadwaj, S., Menon, A. Making Innovation Happen in Organizations: Individual Creativity Mechanisms, Organization Creativity Mechanisms or both [J]. Journal of Production Innovation Management, 2000, 17: 424-434.

[40] Bharadwaj, A. A Resource-based Perspective on Information Technology Capability and Firm Performance: an Empirical Investigation [J]. MIS Quarterly, 2000, 24 (1): 169-196.

[41] Bollen, K. A. Structural Equations with Latent Variables [M]. New York: Wiley, 1989.

[42] Bolton, M. K. Organizational Innovation and substandard performance: when is Necessity the

Mother of Innovation [J]. Organization Science, 1993, 4 (1): 57-75.

[43] Bommer, W. H. Rich, G. A. Rubin, R. S. Changing Attitudes about Change: Longitudinal Effects of Transformational Leader Behavior on Employee Cynicism about Organizational Change [J]. Journal of Organizational Behavior, 2005, 26: 733-753.

[44] Boomsma, A. Nonconvergence, Improper Solutions, and Starting Values in LISREL Maximum Likelihood Estimation [J]. Psychometrika, 1982, 50: 229-242.

[45] Boonstra, J. J., Vink, M. J. Technological and Organizational Innovation: a Dilemma of Fundamental Change and Participation [J]. European Journal of Work and Organizational Psychology, 1996, 5 (3): 351-375.

[46] Bryman, A. Charisma and Leadership in Organizations [M]. London: Sage Publications, 1992.

[47] Broadman, H. G. TheChinese State as Corporate Shareholder [J]. Finance & Development, 1999, 36 (3): 52-55.

[48] Brodbeck, F. C., et al. Cultural Variation of Leadership Prototypes Across 22 European Countries [J]. Journal of Occupational and Organizational Psychology, 2000, 73: 1-29.

[49] Brownell, P. The Motivational Impact of Management-by-exception in a Budgetary Context [J]. Journal of Accounting Research, 1983, 21: 456-472.

[50] Burns, J. M. Leadership [M]. New York: Harper & Row, 1978.

[51] Burnes, B. Kurt Lewin and the Planned Approach to Change: A Re-appraisal [J]. Journal of Management Studies, 2004, 41 (6): 977-1002.

[52] Burnes, B. Complexity Theories and Organizational Change [J]. International Journal of Management Reviews, 2005, 7 (2): 73-90.

[53] Bycio, P., Hackett, R. D., Allen, J. S. Further Assessments of Bass's (1985) Conception of Transactional and Transformational Leadership [J]. Journal of Applied Psychology, 1995, 80: 468-478.

[54] Carnall, C. A. Toward a Theory for the Evaluation of Organizational Change [J]. Human Relations, 1986, 39 (8): 745-766.

[55] Cayer, M., Minkler, L. Dualism, Dialogue and Organizations: Reflections on Organizational Transformation and Labor-managed Firms [J]. Journal of Socio-Economics, 1998, 27 (1): 53-77.

[56] Conger, J. A., Kanungo, R. N. The Empowerment Process: Integrating Theory and Practice [J]. Academy of Management Review, 1988, 13: 471-482.

[57] Currie, G., Lockett, A. A Critique of Transformational Leadership: Moral, Professional and Contingent Dimensions of Leadership within Public Service Organizations [J]. Human

Relations, 2007, 60 (2): 341-370.

[58] Dackert, I., Loov, L., Martensson, M. Leadership and Climate for Innovation in Teams [J]. Economic and Industrial Democracy, 2004, 25 (2): 301-308.

[59] Daft, R. L. A Dual-core Model of Organizational Innovation [J]. TheAcademy of Management Journal, 1978, 21 (2): 193-210.

[60] Damanpour, F. The Adoption of Technological, Administrative, and Ancillary Innovations: Impact of Organizational Factors [J]. Journal of Management, 1987, 13 (4): 675-688.

[61] Damanpour, F. Organizational Innovation: A Meta - analysis of Effects of Determinants and Moderators [J]. Academy of Management Journal, 1991, 34 (3): 555-590.

[62] Damanpour, F., Evan, W. M. Organizational Innovation and Performance: The Problem of "Organizational Lag" [J]. Administrative Science Quarterly, 1984, 29: 392-409.

[63] Damanpour F, Szabat, K. A., Evan, W. M. The Relationship between Types of Innovation and Organizational Performance [J]. Journal of Management Studies, 1989, 26 (6): 587-601.

[64] Den Hartog, D. N., Van Muijen, J. J., Koopman, P. L. Linking Transformational Leadership and Organizational Culture [J]. Journal of Leadership Studies, 1996, 3: 68-83.

[65] De Hoogh, A. H. B., Den Hartog, D. N. Linking the Big Five - Factors of Personality to Charismatic and Transactional Leadership: Perceived Dynamic Work Environment as a Moderator [J]. Journal of Organizational Behavior, 2005, 26: 839-865.

[66] Dess, G. G., Picken, J. C. Changing Roles: Leadership in the 21st Century [J]. Organizational Dynamics, 2000, 29 (4): 18-33.

[67] Dewar, R. D., Dutton, J. E. The Adoption of Radical and Incremental Innovations: an Empirical Analysis [J]. Management Science, 1986, 32 (11): 1422-1433.

[68] Dutton, J. E., Jackson, S. E. The Categorization of Strategic Issues by Decision Makers and its Links to Organizational Action [J]. Academy of Management Review, 1987, 12: 76-90.

[69] Dvir, T., Eden, D., Avolio, B. J., et al. Impact of Transformational Leadership on Follower Development and Performance: A Field Experiment [J]. Academy of Management Journal, 2002, 45 (4): 735-744.

[70] Eisenbach, R., Watson, K., Pillai, R. Transformational Leadership in the Context of Organizational Change [J]. Journal of Organizational Change Management, 1999, 12 (2): 80-88.

[71] Ekvall, G., Ryhammar, L. The Creative Climate: its Determinants and Effects at aSwedish University [J]. Creativity Research Journal, 1999, 12: 303-310.

[72] Elenkov, D. S. Effects of Leadership on Organizational Performance in Russian Companies [J]. Journal of Business Research, 2002, 55: 467- 480.

[73] Elkins, T., Keller, R. T. Leadership in Research and Development Organizations: A Literature Review and Conceptual Framework [J]. The Leadership Quarterly, 2003, 14: 587-606.

[74] Farris, G. F. Technical Leadership: Much Discussed but Little Understood [J]. Research Technology Management, 1988, 31: 12-16.

[75] Fiol, M. C. Squeezing Harder Doesn't Always Work: Continuing Search for Consistency in Innovation Research [J]. Academy of Management Review, 1996, 21: 1012-1021.

[76] Fried, L. F., Brown, L. D. Organization Development [J]. Review of Psychology, 1974, 25.

[77] Garcia - Morales, V. J., Llorens - Montes, F. J., Verdu - Jover, A. J. Antecedents and Consequences of Organizational Innovation and Organizational Learning in Entrepreneurship [J]. Industrial Management & Data Systems, 2006, 106 (1): 21-42.

[78] Glueck, W. F. Organization Change in Business and Government [J]. Academy of Management Journal, Dec, 1969, 439-449.

[79] Goodwin, V. L., Wofford, J. C., Whittington, J. L. A Theoretical and Empirical Extension to the Transformational Leadership Construct [J]. Journal of Organizational Behavior, 2001, 22: 759-774.

[80] Hage, J., Robert, D. Elite Values versus Organizational Structures in Predicting Innovation [J]. Administrative Science Quarterly, 1973, 18, 279-290.

[81] Hage, J. T. Organization Innovation and Organizational Change [J]. Annual Review of Sociology, 1999, 25: 597-622.

[82] Hater, J. J., Bass, B. M. Superiors' Evaluations and Subordinates' Perceptions of Transformational and Transactional Leadership [J]. Journal of Applied Psychology, 1988, 73 (4): 695-702.

[83] House, R. J., Aditya, R. N. The Social Scientific Study of Leadership: Quo vadis [J]. Journal of Management, 1997, 23: 409-473.

[84] Howell, J. M., Avolio, B. J. Transformational Leadership, Transactional Leadership, Locus of Control and Support for Innovation: Key Predictors of Consolidated-business-unit Performance [J]. Journal of Applied Psychology, 1993, 78: 891-902.

[85] Howell, J. M., Higgins, C. A. Champions of technological innovation [J]. Administrative Science Quarterly, 1990, 35: 317-341.

[86] Judge, T. A., Bono, J. E. Five-Factor Model of Personality and Transformational Leadership [J]. Journal of Applied Psychology, 2000, 85 (5): 751-765.

[87] Judge, T. A., Bono, J. E. Relationship of Core Self-evaluations Traits Self-esteem, Generalized Self - efficacy, Locus of Control, and Emotional Stability - with Job Satisfactory and Job Performance: A meta-analysis [J]. Journal of Applied Psychology, 2001, 86: 80-86.

[88] Judge T. A., Piccolo, R. F. Transformational and Transactional Leadership: A Meta-Analytic Test of their Relative Validity [J]. Journal of Applied Psychology, 2004, 89 (5): 755-768.

[89] Jung, D. I. Transformational and Transactional Leadership and their Effects on Creativity in Groups [J]. Creativity Research Journal. 2001, 13 (2): 185-195.

[90] Jung, D. I., Avolio, B. J. Opening the Black Box: an Experimental Investigation of the Mediating Effects of Trust and Value Congruence on Transformational and Transactional Leadership [J]. Journal of Organizational Behavior, 2000, 21: 949-964.

[91] Jung, D. I., Chow, C., Wu, A. The Role of Transformational Leadership in Enhancing Organizational Innovation: Hypotheses and some Preliminary Findings [J]. The Leadership Quarterly, 2003, 14: 525-544.

[92] Keller, R. T. Transformational Leadership and the Performance of Research and Development Project Groups [J]. Journal of Management, 1992, 18: 489-501.

[93] Keller, T., Dansereau, F. Leadership and Empowerment: A Social Exchange Perspective [J]. Human Relations, 1995, 48 (2): 127-146.

[94] Khanin, D. Contrasting Burns and Bass [J]. Journal of Leadership Studies, 2007, 1 (3): 7-25.

[95] Kimberly, J. R., Evanisko, M. J. Organizational Innovation: the Influence of Individual, Organizational, and Contextual Factors on Hospital Adoption of Technological and Administrative Innovations [J]. TheAcademy of Management Journal, 1981, 24 (4): 689-713.

[96] King, N., Anderson, N. Managing Innovation and Change: A Critical Guide for Organizations [M]. London: Thompson, 2002.

[97] King, E. B., Chermont, K., West, M., et al. How Innovation can Alleviate Negative Consequences of Demanding Work Contexts: the Influence of Climate for Innovation on Organizational Outcomes [J]. Journal of Occupational and Organizational Psychology, 2007, 80: 631-645.

[98] Kirkbride, P. Developing Transformational Leaders, theFull Range Leadership Model in Action [J]. Industrial and Commercial Training, 2006, 38 (1): 23-32.

[99] Kirkpatrick, S. A., Locke, E. A. Direct and Indirect Effects of Three Core Charismatic Leadership Components on Performance and Attitudes [J]. Journal of Applied Psychology, 1996, 81 (1): 36-51.

[100] Knight, K. E. A Descriptive Model of the Inter-firm Innovation Process [J]. The Journal of Business, 1967, 40: 478-496.

[101] Koene, B. A. S., Vogelaar, A. L. W., Soeters, J. L. Leadership Effects on Organizational Climate and Financial Performance: Local Leadership Effect in Chain Organizations [J]. The Leadership Quarterly, 2002, 13 (3): 193-215.

[102] Koopman, P. L. , et al. National Culture and Leadership Profiles in Europe: some Results from the GLOBE Study [J]. European Journal of Work and Organizational Psychology, 1999, 8: 503-520.

[103] Kotter, J. P. Leading Change: why Transformational Efforts Fail [J]. Harvard Business Review, March/April, 1995, 59-67.

[104] Lee, Y. , Chang, H. Leadership Style and Innovation Ability: An Empirical Study of Taiwanese Wire and Cable Companies [J]. Journal of American Academy of Business, Cambridge, 2006, 9 (2): 218-222.

[105] Lewis, D. S. Organizational Change: Relationship between Reactions, Behavior and Organizational Performance [J]. Journal of Organizational Change Management, 1994, 7 (5): 41-55.

[106] Li, M. C. An Empirical Study of the Construction of Measuring Model for Organizational Innovation in Taiwanese High - tech Enterprises [J]. Journal ofAmerican Academy of Business, 2005, 6 (1): 299-304.

[107] Liao, S. Fei, W. , Liu, C. Relationships between Knowledge Inertia, Organizational Learning and Organization Innovation [J]. Technovation, 2008, 28: 183-195.

[108] Lowe, K. B. , Kroeck, K. G. , Sivasubramaniam, N. Effectiveness Correlates of Transfor - mational and Transactional Leadership: A Meta-analytic Review of the MLQ Literature [J]. Leadership Quarterly. 1996, 7: 385-425.

[109] McLean, L. D. Organizational Culture's Influence on Creativity and Innovation: a Review of the Literature and Implications for Human Resource Development [J]. Advances in Developing Human Resources, 2005, 7 (2): 226-246.

[110] Mintzberg, H. The Structuring of Organizations [M]. Prentice - Hall: Englewood Cliffs, NJ, 1979.

[111] Mohr, L. B. Determinants of Innovation in Organization [J]. American Political Science Review, 1969, 63: 111-126.

[112] Mosher, F. C. Governmental Reorganization: Case and Commentary [J]. New York: The Bobbs-Merrill Company, Inc. (ed), 1967.

[113] Mumford, M. D. , Scot, G. M. , Gaddis, B. , et al. Leading Creative People: Orchestrating Expertise and Relationships [J]. Leadership Quarterly, 2002, (13): 705-750.

[114] Nemanich, L. A. , Keller, R. T. Transformational Leadership in an Acquisition: a Field Study of Employees [J]. The Leadership Quarterly, 2007, (18): 49-68.

[115] Nunnally, J. , Bernstein, G. Psychometric Theory [M]. NY: McGraw-Hill, 1994.

[116] Oldham, G. R. , Cummings, A. Employee Creativity: Personal and Contextual Factors at Work

[J]. Academy of Management Journal, 1996, 39: 607-634.

[117] Pawar, B. S., Eastman, K. K. The Nature and Implications of Contextual Influences on Transformational Leadership: A Conceptual Examination [J]. Academy of Management Review, 1997, 22: 80-109.

[118] Pfeffer, J. Management as symbolic action: The creation and maintenance of organizational paradigms [M] // L. L Cummings & B. A. Staw (eds.), Research in Organizational Behavior, 1981, 3, 1-52. Greenwich, CT: JAI Press.

[119] Piccolo, R. F., Colquitt, J. A. Transformational Leadership and Job Behaviors: the Mediating Role of Core Job Characteristics [J]. Academy of Management Journal, 2006, 49 (2): 327-340.

[120] Pillai, R., Schriesheim, C. A., Wigiams, E. S. Fairness Perceptions and Trust as Mediators for Transformational and Transactional Leadership: A Two-Sample Study [J]. Journal of Management, 1999, 25 (6): 897-933.

[121] Podsakoff, P. M., MacKenzie, S. B., Moorman, R. H., Fetter, R. Transformational Leader Behaviors and their Effects on Followers Trust in Leader, Satisfaction, and Organizational Citizenship Behaviors [J]. Leadership Quarterly, 1990, 1: 107-142.

[122] Podsakoff, P. M., MacKenzie, S. B., Bommer, W. H. Transformational Leader Behaviors and Substitutes for Leadership as Determinants of Employee Satisfaction, Commitment, Trust, and Organizational Citizenship Behaviors [J]. Journal of Management, 1996, 22: 259-298.

[123] Rafferty, A. E., Griffin, M. A. Perceptions of Organizational Change: a Stress Anchoring Perceptive [J]. Journal of applied psychology, 2006, 91 (5): 1154-1162.

[124] Redmond, M. R., Mumford, M. D., Teach, R. Putting Creativity to Work: Effects of Leader Behavior on Subordinate Creativity [J]. Organizational Behavior and Human Decision Processes, 1993, 55: 120-151.

[125] Ricketts, J. A., Nelson, R. R. Management - by - exception Reporting: an Empirical Investigation [J]. Information Management, 1987, 12: 235 - 246.

[126] Roberts, E. B., Fusfield, A. R. Staffing the Innovative Technology-based Organization [J]. Sloan Management Review, 1981, 22: 19-34.

[127] Roberts, N. C. Transforming Leadership: Sources, Processes, Consequences [M]. Academy of Management, Boston. MA, 1984.

[128] Salamon, L. M. Question of Goals [M] // Peter Szanton (eds), Federal Re-organization: What have we Learned? Chatham, NJ: Chatham House Publishers, Inc., 1981, 58-84.

[129] Samuel, Y. Jacobsen, C. A System Dynamics Model of Planned Organizational Change [J]. Computational & Mathematical Organization Theory, 1997, 3 (3): 151-171.

[130] Schein, E H. Organizational Culture and Leadership [M]. 2nd ed. San Francisco, CA: Jossey- Bass, 1992, 1-2.

[131] Scott, S. G., Brace, R. A. Determinants of Innovation Behavior: a Path Model of Individual Innovation in the Workplace [J]. Academy of Management Journal, 1994, 37 (3): 580-607.

[132] Shamir, B. The Charismatic Relationship: A1ternative Explanations and Predictions [J]. The Leadership Quarterly, 1991, (2): 81-104.

[133] Shamir, B., House, R. J., Arthur, M. B. The Motivational Effects of Charismatic Leadership: A Self-concept Based Theory [J]. Organizational Science, 1993, 4 (2): 577-594.

[134] Shea, C. M., Howell, J. M. Charismatic Leadership and Task Feedback: A Laboratory Study of Their Effects on Self-Efficacy and Task Performance [J]. The Leadership Quarterly, 1999, 10 (3): 375-396.

[135] Shin, S. J., Zhou, J. Transformational Leadership, Conservation and Creativity: Evidence fromKorea [J]. Academy of Management Journal, 2003, (46): 703-714.

[136] Sosik, J. J., Avolio, B. J., Kahai, S. S. Effects of Leadership Style and Anonymity on Group Potency and Effectiveness in a Group Decision Support System Environment [J]. Journal of Applied Psychology, 1997, 82: 89-103.

[137] Sosik, J. J., Kahai, S. S., Avolio, B. J. Transformational Leadership and Dimensions of Creativity: Motivating Idea Generation in Computer - mediated Groups [J]. Creativity Research Journal, 1998, (11): 111-121.

[138] Sosik, J. J., Godshalk, V. M. Leadership Styles, Mentoring Functions Received, and Job - related Stress: a Conceptual Model and Preliminary Study [J]. Journal of Organizational Behavior, 2000, 21: 365-390.

[139] Speritzer, G. M., Perttula, K. H., Xin, K. Traditionality Matters: an Examination of the Effectiveness of Transformational Leadership in theUnited States and Taiwan [J]. Journal of Organizational Behavior, 2005, 26: 205-227.

[140] Steiger, J. H. Structure Model Evaluation and Modification: An Interval Estimation Approach [J]. Multivariate Behavioral Research, 1990, 25: 173-180.

[141] Sun, J. M. Organization Development and Change in Chinese State - owned Enterprises: a Human Resource Perspective [J]. Leadership & Organization Development Journal, 2000, 21 (8): 379-389.

[142] Tesluk, P. F. Influence of Organizational Culture and Climate on Individual Creativity [J]. The Journal of Creative Behavior, 1997, 31 (1): 21-41.

[143] Thompson, V. A. Bureaucracy and Innovation [J]. Administrative Science Quarterly, 1965, 5: 1-20.

[144] Tichy, N. M., Devanna, M. A. The Transformational Leader [M]. New York, NY: John Wiley & Sons, 1986.

[145] Tichy, N. M., Ulrich, D. O. The Leadership Challenges a Call for the Transformational Leader [J]. Sloan Management Review, 1984, 26: 59-68.

[146] Tierney, P., Farmer, S. M., Graen, G. B. An Examination of Leadership and Employee Creativity: the Relevance of Traits and Relationships [J]. Personnel Psychology, 1999, 52: 591-620.

[147] Trist, E. L. The Evolution of Socio-technical Systems as a Conceptual Framework and as an Action Research Program [M] //Van de Ven, A. H., Joyce, W. F. Perspectives on Organization Design and Behavior. New York: John Wiley& Sons, 1981.

[148] Tushman, M. L., Romanelli, E. Organizational Evolution: a Metamorphosis Model of Convergence and Reorientation [M] //Cummings, L. L. & Staw, B. M. (Eds.), Research in organizational behavior. Green-wich, CT: JAI Press, 1985, 7: 171-222.

[149] Vandenberghe, C. Transactional vs. Transformational Leadership: Suggestions for Future Research [J]. European Journal of Work and Organizational Psychology, 1999, 8 (1): 9-32.

[150] Van de Ven, A. H. Central Problems in the Management of Innovation [J]. Management Science, 1986, 32: 590-607.

[151] Waldman, D. A., Atwater, L. E. The Nature of Effective Leadership and Championing Processes at Different Levels in an R&D Hierarchy [J]. The Journal of High Technology Management Research, 1994, 5 (2): 233-245.

[152] Waldman, D. A., Siegel, D. S., Javidan, M. Components of CEO Transformational Leadership and Corporate Social Responsibility [J]. Journal of Management Studies, 2006, 43 (8): 1703-1725.

[153] Wang, H., Law, K. S., Hackett, R. D., et al. Leader-member Exchange as a Mediator of the Relationship between Transformational Leadership and Followers' Performance and Organizational Citizenship Behavior [J]. Academy of Management Journal, 2005, 48 (3): 420-432.

[154] West, M. A. The Social Psychology of Innovation in Groups [M] //West, M. A. & Farr, J. L. (Eds.), Innovation and creativity at work. New York: Wiley, 1990, 309-333.

[155] West, M. A., Anderson, N. R. Innovation in Top Management Teams [J]. Journal of Applied Psychology, 1996, 81 (6): 680-693.

[156] West, M. A., Smith, H., Feng, W. L, et al. Research Excellence and Departmental Climate in British Universities [J]. Journal of Occupational and Organizational Psychology, 1998, 71: 261-281.

[157] West, M. A. , Borrilla, C. S. , Dawsona, J. F. , et al. Leadership Clarity and Team Innovation in Health Care [J]. The Leadership Quarterly 2003, 14: 393-410.

[158] Whittington, J. L. , Goodwin, V. L. Murray, B. Transformational Leadership, Goal Difficulty, and Job Design: Independent and Interactive Effects on Employee Outcomes [J]. Leadership Quarterly, 2004, 15 (5): 593-606.

[159] Wolfe, R. A. Organizational innovation: Review, Critique and Suggested Research Directions [J]. Journal of Management Studies, 1994, 31 (3): 405-431.

[160] Wong, L. , Bliese, P. , McGurk, D. Military Leadership: A Context Specific Review [J]. The Leadership Quarterly, 2003. 14: 657-692.

[161] Woodman, R. W. , Sawyer, J. E. , Griffin, R. W. Toward a Theory of Organizational Creativity [J]. Academy of Management Review, 1993, 18 (2): 293-321.

[162] Woods, T. J. Motivating Faculty through Transactional and Transformational Leadership Strategies [J]. Journal of Leadership Studies, 2007, 1 (2): 64-73.

[163] Yammarino, F. J. , Bass, B. M. Transformational Leadership and Multiple Levels of Analysis [J]. Human Rel ations, 1990, 43: 975-995.

[164] Yammarino, F. J. , Dubinsky, A. J. Transformational Leadership Theory: Using Levels of Analysis to Determine Boundary Conditions [J]. Personnel Psychology, 1994, 47 (4): 787-811.

[165] Yammarino, F. J. , Spangler, W. D. , Bass, B. M. Transformational Leadership and Performance: A longitudinal Investigation [J]. Leadership Quarterly, 1993, 4: 81-102.

[166] Yates, D. The Politics of Management [M]. San Francisco: Jossey-Bass, 1985.

[167] Yukl, G. A. Leadership in Organizations [M]. Englewood Cliffs, NJ: Prentice-Hall, 1989.

[168] 陈永霞，贾良定，李超平等．变革型领导、心理授权与员工的组织承诺：中国情景下的实证研究 [J]．管理世界，2006，1：96-105.

[169] 陈春花，刘晓英．组织变革中驱动机制和抵御习性的分析 [J]．中国软科学，2002，(5)：47-49.

[170] 陈旭．团队领导对团队效能的影响机理研究 [J]．科研管理，2006，27 (4)：138-141.

[171] 陈威豪．创造与创新氛围注意测量工具述评 [J]．中国软科学，2006，(7)：86-95.

[172] 陈维政，忻蓉，王安逸．企业文化与领导风格的协同性实证研究 [J]．2004，(2)：75-83.

[173] 陈文晶，时勘．变革型领导和交易型领导的回顾与展望 [J]．管理评论，2007，19 (9)：22-29.

[174] 戴维斯，D. D. 促进企业组织创新的途径 [J]．应用心理学，1989，4 (4)：27-30.

[175] 丁琳，席酉民．变革型领导如何影响下属的组织公民行为——授权行为与心理授权的作用 [J]．管理评论，2007，19 (10)：24-29.

[176] 邸杨，孙聃．实现企业组织变革平稳过渡的主要障碍及对策［J］．中国软科学，1998，(2)：90-93.
[177] 官建成．企业制造能力与创新绩效的关系研究：一些中国的实证发现［J］．科研管理，2004a，25：78-84.
[178] 官建成，史晓敏．技术创新能力和创新绩效关系研究［J］．中国机械工程，2004b，15(11)：1000-1004.
[179] 郭桂梅，段兴民．变革型领导行为与创造性：内在动机和创造性工作氛围的中介作用［J］．科学学与科学技术管理，2008，3：189-196.
[180] 郭志刚．社会统计分析方法——SPSS 软件应用［M］．北京：中国人民大学出版社，1999.
[181] 胡宏梁，陈旭东，许小东．中层管理者——在组织变革中的角色研究［J］．管理现代化，2003，(1)：15-18.
[182] 胡笑寒，万迪昉．企业组织变革的影响因素及变革模式实证分析：以新创科技企业为例［J］．数理统计与管理，2005，24 (1)：15-20.
[183] 韩樱，宋合义，祝芳芳．任务结构性情景因素对变革型领导与员工组织承诺关系的影响［J］．软科学，2008，22 (2)：66-69.
[184] 侯杰泰，温忠麟，成子娟．结构方程模型及其应用［M］．北京：教育科学出版社．2004.
[185] 花建锋，赵黎明．影响创新的模式和资源配置方法研究［J］．中国软科学，2003，(4)：142-145.
[186] 贾良定，陈永霞，宋继文等．变革型领导、员工的组织信任与组织承诺——中国情景下企业管理者的实证研究［J］．东南大学学报（哲学社会科学版），2006. 11，8 (6)：59-67.
[187] 简兆权，吴隆增，黄静．吸收能力、知识整合对组织创新和组织绩效的影响研究［J］．科研管理，2008，29 (1)：80-86.
[188] 李超平，孟慧，时勘．变革型领导对组织公民行为的影响［J］．心理科学，2006a，29(1)：175-177.
[189] 李超平，时勘．变革型领导与领导有效性之间关系的研究［J］．心理科学，2003，26(1)：115-117.
[190] 李超平，时勘．变革型领导的结构与测量［J］．心理学报，2005，37 (6)：803-811.
[191] 李超平，田宝，时勘．变革型领导与员工工作态度：心理授权的中介作用［J］．心理学报，2006b，38 (2)：297-307.
[192] 李桦．成功进行企业变革的要求［J］．企业活力，2002，(1)：24-25.
[193] 李慧才，邓小克．变革领导力研究述评［J］．首都经济贸易大学学报，2007，(2)：103-110.

[194] 李秀娟，魏峰．打开领导有效性的黑箱：领导行为和领导下属关系研究［J］．管理世界，2006，9：87-93.

[195] 李秀娟，魏峰．组织公正和交易型领导对组织承诺的影响方式研究［J］．南开管理评论，2007，10（5）：82-88.

[196] 林志扬．从治理结构与组织结构互动的角度看企业的组织变革［J］．中国工业经济，2003.2，（2）：77-82.

[197] 林士渊，王重鸣．跨文化领导模式在跨国创业不同阶段的效能转化研究［J］．应用心理学，2006，12（3）：219-225.

[198] 凌建勋．团队创新气氛问卷的编制与研究［D］．广州：暨南大学，2003.

[199] 刘惠琴，张德．高校学科团队创新绩效决定因素研究［J］．科学学与科学技术管理，2005，（11）：111-114.

[200] 刘惠琴，张德．团队层面的高校学科团队创新绩效模型研究［J］．科学学研究，2006，24（3）：421-427.

[201] 刘惠琴，张德．高校学科团队创新气氛结构研究［J］．清华大学学报（哲学社会科学版），2007，22（2）：139-144.

[202] 刘益，刘军，宋继文等．不同情商水平下领导行为与员工组织承诺关系的实证研究［J］．南开管理评论，2007，10（2）：12-18.

[203] 麻兴斌，蒋衔武，尹燕霞．企业变革管理中的矛盾分析与对策［J］．山东社会科学，2002，（4）：56-59.

[204] 孟慧．变革型领导风格的实证研究［J］．应用心理学，2004，10（2）：18-22.

[205] 孟慧．认真性与下属工作满意感——变革型领导的中介作用［J］．心理科学，2005，28（5）：1237-1239.

[206] 孟太生，刘璞，井润田．基于组织公平的变革型领导行为与组织公民权行为关系的实证研究［J］．科研管理，2007，28（6）：123-129.

[207] 孟宪伟．领导成员交换关系对变革型领导有效性的影响［J］．现代管理科学，2006，3：37-38.

[208] 齐善鸿，戴斌．论企业的人格化特质与组织变革——关于企业改革的经济学思考［J］．南开管理评论，1999，（5）：56-59.

[209] 戚振江，张小林．领导行为理论：交换型和变革型领导行为［J］．经济管理新管理，2001，12：33-37.

[210] 芮明杰，吕毓芳．论领导行为、组织学习、创新与绩效间影响的实证研究［J］．上海管理科学，2005，2：30-35.

[211] 尚勇．增强自主创新能力，建设创新型国家［J］．中国软科学，2005，7：1-3.

[212] 沈必扬，陈炜．网络中心度、吸纳能力与中小企业创新绩效［J］．科技管理研究，

2007，(03)：100-102.

[213] 沈必扬，王晓明．基于吸纳能力、技术机遇和知识溢出的企业创新绩效分析［J］．科技进步与对策，2006，(04)：126-129.

[214] 时勘．胜任特征模型、领导行为研究及其在人力资源开发中的应用［J］．首都经济贸易大学学报，2007，(6)：13-19.

[215] 斯蒂芬·P·罗宾斯．组织行为学［M］．北京：中国人民大学出版社，2002.

[216] 隋忠海．知识经济时代的组织变革［J］．工业工程与管理，2000，(2)：42-44.

[217] 孙怀平，杨东涛，王洁心．基于生命周期的领导风格对人力资源管理实践影响研究［J］．科学学与科学技术管理，2007，(3)：166-169.

[218] 孙建国，田宝．变革型领导及其对创新文化的影响［J］．管理评论，2006，18 (5)：15-22.

[219] 孙凌燕，赵乃斌．浅析企业领导方式与领导行为［J］．内江科技，2005，1：7.

[220] 孙锐，石金涛．企业创新组织行为影响因素研究评述［J］．中国人力资源开发，2006，7：14-19.

[221] 孙锐，石金涛．知识环境下组织技术创新人才培训机制探讨［J］．科学学与科学技术管理，2006，5：136-140.

[222] 孙锐，石金涛，王庆燕．基于提升企业创新能力的组织创新气氛研究分析与展望［J］．科学学与科学技术管理，2007，4：71-74.

[223] 王凤彬．企业组织的过程变革：兼评企业再造理论对传统组织理论的挑战［J］．经济理论与经济管理，1996，(3)：17-21.

[224] 王立志，韩福荣．变革管理的平衡及其动力机制分析［J］．科研管理，2003，(2)：133-137.

[225] 王国春．基于组织公平感的变革型领导行为和组织公民权行为的关系的实证研究［D］．成都：电子科技大学，2006.

[226] 王雁飞，朱瑜．国外组织创新气氛研究概述［J］．外国经济与管理，2005，27 (8)：26-32.

[227] 王雁飞，朱瑜．组织创新气氛的研究进展与展望［J］．心理科学进展，2006，14 (3)：443-449.

[228] 文茂伟．西方新领导理论：兴起、发展与趋向［J］．社会科学，2007，(7)：98-111.

[229] 温忠麟，侯杰泰，张雷．调节效应与中介效应的比较和应用［J］．心理学报，2005，37 (2)：268-274.

[230] 吴德贵．企业组织变革五大趋势［J］．企业改革与管理，2000，(1)：16-18.

[231] 吴敏，黄旭，阎洪等．领导行为与领导有效性关系的比较研究［J］．软科学，2007a，21 (5)：5-9.

[232] 吴敏，黄旭，徐玖平等．交易型领导、变革型领导与家长式领导行为的比较研究［J］．

科研管理，2007b，28（3）：168-176.

[233] 吴志明，武欣．高科技团队变革型领导、组织公民行为和团队绩效关系的实证研究［J］．科研管理，2006，27（6）：74-79.

[234] 吴志明，武欣．知识团队中变革型领导对组织公民行为的影响［J］．科学学研究，2006，24（2）：283-287.

[235] 吴志明，武欣．变革型领导、组织公民行为与心理授权关系研究［J］．管理科学学报，2007，10（5）：40-47.

[236] 谢洪明，王成，吴隆增．知识整合、组织创新与组织绩效：华南地区企业的实证研究［J］．管理学报，2006，3（5）：600-606.

[237] 谢洪明，王成，吴业春．内部社会资本对知识能量与组织创新的影响——华南地区企业的实证研究［J］．管理学报，2007，4（1）：100-107.

[238] 谢洪明，葛志良，王成．社会资本、组织学习与组织创新的关系研究［J］．管理工程学报，2008，22（1）：5-10.

[239] 徐长江，时勘．领导者—组织文化匹配模式的研究构思［J］．管理评论，2003，（7）：45-50.

[240] 徐长江，时勘．变革型领导与交易型领导的权变分析［J］．心理科学进展，2005，13（5）：672-678.

[241] 许小东．关于R&D团队建设与管理的思考［J］．科学学研究，2001. 6，l9（2）：76-81.

[242] 杨眉，石林．工作压力反应及其与领导方式的关系研究［J］．应用心理学，2006，12（3）：226-231.

[243] 杨帆，徐爽．组织创新的研究述评［J］．技术与创新管理，2007，28（4）：13-16.

[244] 于成永，施建军．研发模式选择及其对创新绩效的影响—— 一个研究综述［J］．经济管理，2006，（19）：6-11.

[245] 于海波，方俐洛，凌文辁．组织研究中的多层面问题［J］．心理科学进展，2004，12（2）：462-471.

[246] 余凯成．组织行为学［M］．大连：大连理工大学出版社，2001.

[247] 约翰·P·科特，丹·S·科恩著（美）．变革之心［M］．刘详亚，译．北京：机械工业出版社，2003，4.

[248] 朱溦．团队创新气氛与学习型组织的相关性研究［D］．上海：上海交通大学，2007.

[249] 朱伟民．组织理论与组织创新研究［J］．商业经济与管理．2006，（1）：35-39.

[250] 张会云，唐元虎．企业技术创新影响因素的模糊聚类分析［J］．科研管理，2003. 11，24（6）：71-77.

[251] 张剑．企业变革的无痛选择［J］．企业改革与管理，2002，（8）：24-25.

[252] 张雷，雷雳，郭伯良．多层线性模型应用［J］．北京：教育科学出版社，2003.

[253] 张丽华．改造型领导与组织变革过程互动模型的实证与案例研究［D］．大连：大连理

工大学, 2002.
[254] 张双文. R&D 变革型领导者对组织气候和绩效的影响研究 [J]. 科技进步与对策, 2003, 9: 27-29.
[255] 张维迎. 企业变革一定要双赢 [J]. 新远见, 2003, (1): 96-99.
[256] 赵平, 张力军. 管理发展趋势与中国企业管理的未来 [J]. 管理世界 100 年——中外管理导报增刊, 1999, 241-250.
[257] 朱瑜, 王雁飞, 蓝海林. 组织学习、组织创新与企业核心能力关系研究 [J]. 科学学研究, 2007, 25 (3): 536-540.
[258] 朱颖俊, 陈荣秋. 论拓扑网络型企业组织 [J]. 研究与发展管理, 2000, 12 (2): 8-12.

附录　调查问卷

附录（1）领导风格与组织创新调查问卷（预试版）

您好！

非常感谢您抽出宝贵的时间与我们合作。华中科技大学管理学院管理与心理研究所（联系电话：13871222324，电子邮箱：maominxin@126. com）正在进行一项领导风格对组织创新效果影响的研究。您所提供的信息对我们研究现阶段领导风格与组织创新并提出适应不同组织创新类型的领导风格是至关重要的。本问卷不记姓名，您的答案仅供整体统计分析之用，不会对他人公开。问卷的答案没有对错之分，请您尽可能按照自己的真实想法作答。由于答题不全的问卷无法进行统计分析，请您逐题作答，不要遗漏。

华中科技大学管理学院课题组

第一部分

请您根据自己的真实感受，在您认为适当的数字上打“√”，判断标准如下：1 非常不同意　2 不同意　3 不确定　4 同意　5 非常同意

我所在单位的领导：

1	与他/她共事我感到骄傲。	1	2	3	4	5
2	为了集体利益而牺牲个人利益。	1	2	3	4	5
3	以行动来赢得我的尊重。	1	2	3	4	5
4	展示权力和自信。	1	2	3	4	5
5	谈论他们最重要的价值观和信仰。	1	2	3	4	5
6	考虑决策中道德和伦理的结果。	1	2	3	4	5
7	强调有集体使命感的重要性。	1	2	3	4	5
8	对目标的完成有信心。	1	2	3	4	5
9	详细说明拥有一个坚定的目标的重要性。	1	2	3	4	5
10	积极谈论哪些事情是必须要完成的。	1	2	3	4	5
11	描绘一个引人注目的未来蓝图。	1	2	3	4	5
12	增强我更加努力的意愿。	1	2	3	4	5
13	乐观地谈论未来。	1	2	3	4	5
14	提升我对成功的期待。	1	2	3	4	5
15	重新检验关键的假设是否正确。	1	2	3	4	5
16	在解决问题的时候考虑不同的观点。	1	2	3	4	5
17	建议用新的方法来考虑如何完成任务。	1	2	3	4	5
18	引导我从很多不同的角度看问题。	1	2	3	4	5
19	有效处理与我工作相关的需要。	1	2	3	4	5
20	帮助我提升我的实力。	1	2	3	4	5
21	花时间在教育和指导上。	1	2	3	4	5
22	将我看成单独的个体而不仅仅是组织的一般成员。	1	2	3	4	5
23	认为我有与他人不一样的需求、能力和期望。	1	2	3	4	5
24	向我提供帮助以获得我的努力。	1	2	3	4	5

续表

25	以特定的形式协商由谁来负责完成绩效目标。	1	2	3	4	5
26	清楚地描述当绩效目标达到时个人能期望得到什么。	1	2	3	4	5
27	当我达到期望时表示满意。	1	2	3	4	5
28	明白所有的失误。	1	2	3	4	5
29	集中他/她所有的精力来解决误会、抱怨和失败。	1	2	3	4	5
30	为符合标准引导我的注意力放在错误上。	1	2	3	4	5
31	注意力集中在相对于标准来说非常规、错误、例外和偏差上。	1	2	3	4	5
32	直到问题变严重时才进行干预。	1	2	3	4	5
33	避免在重大问题发生时被卷入进去。	1	2	3	4	5
34	在需要的时候不在场。	1	2	3	4	5
35	避免做决策。	1	2	3	4	5
36	延迟对紧急问题的反应	1	2	3	4	5
37	等事情出错了再采取措施。	1	2	3	4	5
38	坚持“东西不坏不修理”的信念。	1	2	3	4	5

第二部分

请您根据自己工作中的真实感受，在您认为适当的数字上打“√”，判断标准如下：1 非常不同意　2 不同意　3 不确定　4 同意　5 非常同意

1	我清楚组织的目标。	1	2	3	4	5
2	组织的目标是合适的。	1	2	3	4	5
3	我认同组织目标。	1	2	3	4	5
4	我的同事认同组织目标。	1	2	3	4	5
5	我的同事清楚组织的目标。	1	2	3	4	5
6	我所在组织的目标可以实现。	1	2	3	4	5
7	组织的目标值得我奋斗。	1	2	3	4	5
8	组织的目标具有现实意义。	1	2	3	4	5
9	组织的目标具有社会意义。	1	2	3	4	5
10	组织的目标是现实可行的。	1	2	3	4	5
11	我的同事致力于目标的实现。	1	2	3	4	5
12	我们在组织中共享信息。	1	2	3	4	5
13	我们都有归属感。	1	2	3	4	5
14	大家在工作中集思广益。	1	2	3	4	5
15	大家能感受到被他人理解和接受。	1	2	3	4	5
16	即使是占很少数，每个人的观点也都会被接纳。	1	2	3	4	5
17	大家尝试在组织中尝试共享。	1	2	3	4	5
18	组织总是寻求新的方法。	1	2	3	4	5
19	我们支持提出新方法。	1	2	3	4	5
20	组织迅速应对变化。	1	2	3	4	5
21	大家总是从新视角看问题。	1	2	3	4	5
22	我们花时间寻找新方法。	1	2	3	4	5
23	大家合作尝试新方法。	1	2	3	4	5
24	大家为创新共享资源。	1	2	3	4	5
25	同事帮助我尝试新方法。	1	2	3	4	5

续表

26	同事为我提供有用的方法使我在工作中能力得到最大限度发挥。	1	2	3	4	5
27	大家为了高绩效相互监督。	1	2	3	4	5
28	组织为了更好的绩效考虑潜在的不足。	1	2	3	4	5
29	大家为了高绩效参照相互的建议。	1	2	3	4	5
30	大家对追求最好的绩效达成共识。	1	2	3	4	5
31	组织对成员有明确的分工要求。	1	2	3	4	5
32	大家就公事沟通。	1	2	3	4	5
33	大家保持私人联系。	1	2	3	4	5
34	大家经常会面交流。	1	2	3	4	5
35	大家经常相互影响。	1	2	3	4	5

第三部分

请您根据自己在单位工作中的真实感受，在您认为适当的数字上打“√”，判断标准如下：1 非常不同意　2 不同意 3 不确定　4 同意　5 非常同意

该组织：

1	提出了一个新的绩效考核系统。	1	2	3	4	5
2	引入一种新的员工培训主题。	1	2	3	4	5
3	采用新的员工激励或薪酬体系。	1	2	3	4	5
4	采用一种新的招聘体系。	1	2	3	4	5
5	形成新的组织结构。	1	2	3	4	5
6	运用新的工作设计方案。	1	2	3	4	5
7	引入新的服务或程序。	1	2	3	4	5
8	现有的服务或程序有显著的变化。	1	2	3	4	5
9	将服务延伸到组织以前没有服务过的新客户群。	1	2	3	4	5
10	生产一种新的产品。	1	2	3	4	5
11	为客户、员工介绍一种新的活动。	1	2	3	4	5
12	将已有的产品重新设计成与原有产品有显著差异的新产品。	1	2	3	4	5
13	采用一种新的与现存的服务传递方法有重大改变的方法。	1	2	3	4	5
14	曾经或者即将经历产品或服务变化。	1	2	3	4	5
15	曾经或者即将经历组织结构的变动。	1	2	3	4	5
16	曾经或者即将经历技术或流程的改变。	1	2	3	4	5
17	曾经或者即将经历组织文化的变化。	1	2	3	4	5
18	曾经或者即将经历人员变动。	1	2	3	4	5
19	曾经或者即将经历过快速突变的变化。	1	2	3	4	5
20	曾经或者即将经历过大幅度的变化。	1	2	3	4	5

第四部分

请在符合您情况的下列项目的数字上打"√"，空白处填上您的信息。

您的性别 ①男 ②女 年龄： 任职时间：____________

您的职位 ①基层员工 ②基层管理者 ③中层管理者 ④高层管理者

学　　历 ①高中以下 ②中专或高中 ③大专 ④本科 ⑤硕士及以上

单位性质 ①国有企业 ②民营企业 ③中外合资 ④外资企业 ⑤事业单位

单位规模 ①30 人以下 ②31-100 人 ③101-300 人 ④301-500 人 ⑤500 以上

单位效益 ①很好 ②较好 ③中等 ④较差 ⑤很差

非常感谢您的合作，祝您身体健康，天天快乐！

附录（2）领导风格与组织创新调查问卷（正式版）

您好！

非常感谢您抽出宝贵的时间与我们合作。华中科技大学管理学院管理与心理研究所（联系电话：13871222324，电子邮箱：maominxin@126．com）正在进行一项领导风格对组织创新效果影响的研究。您所提供的信息对我们研究现阶段领导风格与组织创新并提出适应不同组织创新类型的领导风格是至关重要的。本问卷不记姓名，您的答案仅供整体统计分析之用，不会对他人公开。问卷的答案没有对错之分，请您尽可能按照自己的真实想法作答。由于答题不全的问卷无法进行统计分析，请您逐题作答，不要遗漏。

华中科技大学管理学院课题组

第一部分

请您根据自己在单位工作中的真实感受，在您认为适当的数字上打“√”，判断标准如下：1 非常不同意 2 不同意 3 不确定 4 同意 5 非常同意

我所在单位的领导：

1	与他/她共事我感到骄傲。	1	2	3	4	5
2	展示权力和自信。	1	2	3	4	5
3	谈论他们最重要的价值观和信仰。	1	2	3	4	5
4	考虑决策中道德和伦理的结果。	1	2	3	4	5
5	强调有集体使命感的重要性。	1	2	3	4	5
6	对目标的完成有信心。	1	2	3	4	5
7	描绘一个引人注目的未来蓝图。	1	2	3	4	5
8	增强我更加努力的意愿。	1	2	3	4	5
9	乐观地谈论未来。	1	2	3	4	5
10	提升我对成功的期待。	1	2	3	4	5
11	重新检验关键的假设是否正确。	1	2	3	4	5
12	在解决问题的时候考虑不同的观点。	1	2	3	4	5
13	建议用新的方法来考虑如何完成任务。	1	2	3	4	5
14	引导我从很多不同的角度看问题。	1	2	3	4	5
15	帮助我提升我的实力。	1	2	3	4	5
16	花时间在教育和指导上。	1	2	3	4	5
17	将我看成单独的个体而不仅仅是组织的一般成员。	1	2	3	4	5
18	认为我有与他人不一样的需求、能力和期望。	1	2	3	4	5
19	向我提供帮助以获得我的努力。	1	2	3	4	5
20	以特定的形式协商由谁来负责完成绩效目标。	1	2	3	4	5
21	清楚地描述当绩效目标达到时个人能期望得到什么。	1	2	3	4	5
22	当我达到期望时表示满意。	1	2	3	4	5
23	集中他/她所有的精力来解决误会、抱怨和失败。	1	2	3	4	5

续表

24	为符合标准引导我的注意力放在错误上。	1	2	3	4	5
25	注意力集中在相对于标准来说非常规、错误、例外和偏差上。	1	2	3	4	5
26	直到问题变严重才进行干预。	1	2	3	4	5
27	避免在重大问题发生时被卷入进去。	1	2	3	4	5
28	在需要的时候不在场。	1	2	3	4	5
29	避免做决策。	1	2	3	4	5
30	延迟对紧急问题的反应	1	2	3	4	5
31	等事情出错了再采取措施。	1	2	3	4	5
32	坚持“东西不坏不修理”的信念。	1	2	3	4	5

第二部分

我所在的组织：

1	组织的目标是合适的。	1	2	3	4	5
2	我认同组织目标。	1	2	3	4	5
3	我所在组织的目标可以实现。	1	2	3	4	5
4	组织的目标值得我奋斗。	1	2	3	4	5
5	组织的目标具有现实意义。	1	2	3	4	5
6	组织的目标具有社会意义。	1	2	3	4	5
7	组织的目标是现实可行的。	1	2	3	4	5
8	我们在组织中共享信息。	1	2	3	4	5
9	大家在工作中集思广益。	1	2	3	4	5
10	大家能感受到被他人理解和接受。	1	2	3	4	5
11	大家尝试在组织中尝试共享。	1	2	3	4	5
12	组织总是寻求新的方法。	1	2	3	4	5
13	我们支持提出新方法。	1	2	3	4	5
14	组织迅速应对变化。	1	2	3	4	5
15	大家总是从新视角看问题。	1	2	3	4	5
16	我们花时间寻找新方法。	1	2	3	4	5
17	同事为我提供有用的方法使我在工作中能力得到最大限度发挥。	1	2	3	4	5
18	大家为了高绩效相互监督。	1	2	3	4	5
19	组织为了更好的绩效考虑潜在的不足。	1	2	3	4	5
20	大家为了高绩效参照相互的建议。	1	2	3	4	5
21	大家对追求最好的绩效达成共识。	1	2	3	4	5
22	大家就公事沟通。	1	2	3	4	5
23	大家保持私人联系。	1	2	3	4	5
24	大家经常会面交流。	1	2	3	4	5
25	大家经常相互影响。	1	2	3	4	5

第三部分

该组织：

1	提出了一个新的绩效考核系统。	1	2	3	4	5
2	引入一种新的员工培训主题。	1	2	3	4	5
3	采用新的员工激励或薪酬体系。	1	2	3	4	5
4	采用一种新的招聘体系。	1	2	3	4	5
5	形成新的组织结构。	1	2	3	4	5
6	运用新的工作设计方案。	1	2	3	4	5
7	引入新的服务或程序。	1	2	3	4	5
8	现有的服务或程序有显著的变化。	1	2	3	4	5
9	将服务延伸到组织以前没有服务过的新客户群。	1	2	3	4	5
10	生产一种新的产品。	1	2	3	4	5
11	为客户、员工介绍一种新的活动。	1	2	3	4	5
12	将已有的产品重新设计成与原有产品有显著差异的新产品。	1	2	3	4	5
13	采用一种新的与现存的服务传递方法有重大改变的方法。	1	2	3	4	5
14	曾经或者即将经历产品或服务变化。	1	2	3	4	5
15	曾经或者即将经历组织结构的变动。	1	2	3	4	5
16	曾经或者即将经历技术或流程的改变。	1	2	3	4	5
17	曾经或者即将经历组织文化的变化。	1	2	3	4	5
18	曾经或者即将经历人员变动。	1	2	3	4	5
19	曾经或者即将经历过快速突变的变化。	1	2	3	4	5
20	曾经或者即将经历过大幅度的变化。	1	2	3	4	5

第四部分

请在符合您情况的下列项目的数字上打"√"，空白处填上您的信息。

您的性别　①男　②女　年龄：　　　任职时间：________

您的职位　①基层员工 ②基层管理者　③中层管理者　④高层管理者

学　历　①高中以下　②中专或高中　③大专　④本科　⑤硕士及以上

单位性质　①国有企业　②民营企业　③中外合资　④外资企业 ⑤事业单位

单位规模　①30 人以下　②31-100 人　③101-300 人　④301-500 人　⑤500 以上

单位效益　①很好　②较好　③中等　④较差　⑤很差

非常感谢您的合作，祝您身体健康，天天快乐！

后　记

变革无处不在，社会在变革，组织在变革，群体在变革，个体在变革，我们身边的一切都在变革。从管理视角来看，组织需要拥有独特的竞争力来面对日新月异的环境，而创新是实现可持续发展的尚方宝剑。我们留心观察现代企业的文化，“创新”一词出现的频率非常之高，不管企业的技术或管理是不是在创新，至少在理念上对创新的价值有了高度认同。不可否认的是企业文化与老板文化密不可分，领导层创新的态度和行为极大地影响员工创新的态度和行为。所以，我选择研究变革时期领导风格对组织创新的影响机制作为我的博士毕业论文。本专著正是在我博士毕业论文的基础上修改而成。

时间总是走得太快，我们一直在前行的路上追赶着自己的梦想。经常思索“看山是山，看水是水；看山不是山，看水不是水；看山还是山，看水还是水”这人生的三重境界，也在不断给自己定位。到了而立年龄的我，无论是在学术方面还是生活方面，已经从第一阶段过渡到第二阶段。而第二阶段能否上升到第三阶段正是人与人之间境界的差别所在。这个上升的阶段是一个自我突破的变革过程，需要自己不断的修炼。我也希望自己能在不惑年龄时真正达到“看山还是山，看水还是水”的境界。

本专著的选题、写作、出版得到了老师、领导、朋友、家人的支持。首先感谢我的博士生导师龙立荣教授，龙老师严谨的治学作风、谦虚的处事风格、和善的为师之道和真诚的待人方式是我模仿的榜样。尤其是在做学问方面，龙老师的“思想”、“方法”四字方针是我学术路上的指明灯。感谢我的同学、朋友在我构建模型时提供的建议以及在收集数据时提供的便利。感谢在访谈和问卷收集过程中提供帮助的单位与领导，我会牢记你们从实践的角度对我的研究可行性提出的见解，你们剖析的企业案例将会成为我以后研究的素材。感谢我企业界的朋友们，因为你们的友好，减少了我在收集数据过程中的苦闷。感谢我的工作单位中南民族大学提供的基金资助，感谢管理学院院长郑军教授以及我的同事董银红老师、张玉蓉老师在专著出版中给予的帮助。感谢知识产权出版社的领导和编辑张水华对专著出版付出的辛劳。感谢我的父母，自己从为人女到为人妻、为人母的升级过程中深深感受到你们的不易，谢谢你们一直以来对女儿的培养，是你们对我小家庭的无私付出让我有更多时间投入到专著的写作与修改。感谢我的爱人和我的宝贝女儿，是你们让我体会到生命中的精彩。感谢本专著中所参照和引用的各文献的作者，是你们的丰富研究成果给了我更多思考的空间。

由于研究的时效性，本专著对领导风格与组织创新的研究还有很多未尽之处，今后我会综合相关理论前沿与实践进行模型的再探索，以期获得更有价值的结论。本书不足之处，还恳请专家批评指正。

毛忞歆

2013 年 12 月于南湖园